D1601215

ADRIANA COINES

minimalista

El poder transformador de lo simple

Grijalbo

Papel certificado por el Forest Stewardship Council®

MIXTO
Papel procedente de
fuentes responsables
FSC® C117695

Primera edición: enero de 2020

© 2020, Adriana Coines
© 2020, Penguin Random House Grupo Editorial, S.A.U.
Travessera de Gràcia, 47-49. 08021 Barcelona

Printed in Spain – Impreso en España

Maquetación: M. I. Maquetación, S. L.

ISBN: 978-84-17752-26-2
Depósito legal: B-22.397-2019
Impreso en Gómez Aparicio, S. A.
Casarrubuelos, Madrid

DO 5 2 2 6 2

Penguin
Random House
Grupo Editorial

A Estela, por ser mi lucecita en la oscuridad

ÍNDICE

Introducción

El minimalismo llegó a mi vida el mismo mes que cumplí treinta años. Estaba empezando a salir de una larga depresión con la ayuda de alguna terapia y me sentía preparada para darle un giro completo a mi existencia. Contaba con un buen trabajo, una carrera exitosa y una casa bonita. Tenía todo lo que una persona joven podía desear y sabía que mi situación era privilegiada. Sin embargo, vivía sobrepasada por el estrés y los problemas, y me sentía atrapada en una vida que yo no había elegido y a la que no le veía salida.

Cuando oí hablar por primera vez de «minimalismo», sentí la necesidad repentina de liberarme del exceso de cosas materiales y de vivir de una forma más simple y lenta, más conectada con la naturaleza, como cuando era niña y los días parecían eternos mientras me dedicaba a observar plantas y bichos en el jardín. De repente, lo vi claro: no necesitaba otro par de zapatos, ni un teléfono nuevo, ni más reconocimiento a nivel profesional, ni más dinero. Lo que necesitaba era recuperar esa sensación de libertad y ligereza que había perdido años atrás.

Quería centrarme en lo importante y liberarme de lo superfluo. ¡La idea era tan simple y tan poderosa al mismo tiempo! No se trataba de otra teoría abstracta, sino de algo concreto y práctico. Llevaba años filosofando sobre el sentido de mi vida, y el minimalismo me motivó a pasar por fin a la acción y sacar de mi casa todo aquello que no me aportaba un valor evidente. Allí donde dirigía la mirada, veía objetos que no necesitaba y que me estorbaban, así que me puse manos a la obra.

El cambio fue inmediato. A medida que despejaba mi hogar, descendía drásticamente mi nivel de estrés hasta el punto de que recuperé la pura alegría de existir. Ese mismo verano dejé mi trabajo, mi casa y la ciudad donde vivía. Me fui ligera de equipaje a explorar la vida fuera de mi zona de confort, dejando atrás el materialismo para dedicarme a vivir aventuras inolvidables. Después de todo, son los momentos felices compartidos con personas amadas los que cuentan al final de nuestra vida, y no nuestras posesiones.

Estaba tan fascinada con lo que me estaba ocurriendo, que sentí la necesidad de compartir mi descubrimiento con el mundo,

y así es como nació *Minimalistamente*, un canal de YouTube donde
he estado documentando mi evolución en tiempo real, compartiendo
semana tras semana mis aprendizajes y también mis dificultades.
Desde 2016, *Minimalistamente* sigue creciendo como una gran
comunidad que ya tiene vida propia, y siento que me ha dado
mucho más de lo que yo le he dado a ella. La interacción con mi
audiencia supone un aprendizaje constante para mí, y me siento
profundamente agradecida con todos los que me han acompañado
en este viaje, por contribuir a extender este movimiento que está
ganando popularidad rápidamente y que creo que tiene el potencial
de transformar el mundo.

En este libro quiero compartir contigo de una manera quizá más
estructurada los aprendizajes fundamentales que me ha proporcionado
el minimalismo estos últimos años, y la transformación que ha supuesto
en las diferentes áreas de mi vida, mucho más allá del orden en casa.
No me considero una experta en ningún tema en particular, pero quiero
compartir mi vivencia, como testimonio de la magia que puede
producirse cuando bajas el ritmo y utilizas el poder de lo simple.

Hoy en día me dedico a lo que más me gusta, puedo moverme con libertad por el mundo y estar con las personas a las que quiero. Sigo teniendo problemas, como todo el mundo, pero mi paz interior permanece inalterable, porque sé que lo que verdaderamente necesito lo llevo siempre conmigo. El minimalismo me ha hecho libre, y te puede liberar a ti también. Espero que mi historia y mis reflexiones te sirvan de inspiración y que este estilo de vida te proporcione tantas alegrías como a mí.

Mi casa,
mis casas

1.
Todo empezó con el ropero

Una pila de pantalones cae sobre mis pies al abrir la puerta del armario. Son las ocho de la mañana y me estoy preparando para ir a trabajar. Refunfuñando, coloco de nuevo los pantalones en su estante y los apretujo con fuerza para que no vuelvan a salir despedidos. A continuación, revuelvo en una bola de ropa del estante superior. Mis camisetas favoritas están sucias y no encuentro nada decente para vestirme hoy. «Uf, estoy fatal de camisetas», me digo, a pesar de que hay tantas que no alcanzo a ver las que están detrás. Opto por otra estrategia, me pongo una falda diferente para que me combine con una de las camisetas, pero cuando me miro al espejo no me convence. Después de cambiarme tres veces de modelito y haber dejado prendas arrugadas por toda la habitación, se me ha hecho tarde y salgo de casa sin desayunar y corriendo para no perder el autobús.

sta era una escena que se repetía a diario. La ropa desbordaba mi enorme armario doble empotrado, las dos cajoneras del dormitorio y las dos del pasillo, y además contaba con dos estanterías llenas de zapatos. Me avergonzaba de mi desorden y culpaba a los duendecillos del armario, esas traviesas criaturas que hacen de las suyas y lo revuelven todo mientras duermes. Me quejaba y ponía mil excusas sin caer en que, tal vez, tenía demasiadas cosas.

Me di cuenta del problema de golpe, cuando encontré por casualidad un vídeo que hablaba del minimalismo como estilo de vida. Fue como quitarme una venda de los ojos. La realidad me dio una bofetada y supe que mi vida estaba a punto de cambiar para siempre. Escuchar las maravillas que describía el vídeo acerca de «cómo vivir con menos te hace libre» me llenó de motivación, y me obsesioné con la idea de poder guardar todas mis cosas en un solo armario, o incluso en una mochila. En un momento en el que todo mi mundo se derrumbaba, necesitaba probar cosas nuevas para romper viejos patrones, y estaba dispuesta a cometer locuras con tal de cambiar mi vida. La ventaja de tocar fondo es que pierdes el miedo a equivocarte y, dadas las circunstancias, no tenía nada que perder. No lo pensé dos veces y me puse manos a la obra.

Decidí empezar con el ropero porque era el punto más conflictivo de mi casa, donde más caos se generaba. El suelo de mi dormitorio estaba siempre sembrado de ropa arrugada y poner la lavadora era una odisea. Perdía mucho tiempo y energía luchando contra los duendes del armario, que parecían estar conquistando toda la casa mientras yo seguía comprando más ropa a pesar de que tenía suficiente para vestirme durante años. Y eso que, en el fondo, siempre me ponía

Nos identificamos tanto con nuestra indumentaria que llegamos a creer que define nuestro valor personal mis cuatro prendas favoritas. Compraba para distraerme de mis problemas, y en ocasiones porque no tenía nada limpio o no encontraba lo que me quería poner. A esto se le sumaba una creciente obsesión por mi imagen y la opinión que otras personas tenían de mí.

La sociedad de consumo nos ha hecho creer que para ser personas de éxito debemos moldear nuestra imagen según el capricho de las últimas tendencias. No negaré que la moda es una forma muy potente de comunicación y de creatividad y, personalmente, me da mucha satisfacción expresar mi personalidad a través de mi vestuario. El problema es que nos identificamos tanto con nuestra indumentaria que llegamos a creer que define nuestro valor personal. Inexplicablemente, acabamos aceptando la absurda idea de que cuanto más abundante y lujoso sea nuestro fondo de armario, más nos apreciarán y más felices seremos.

No es de extrañar que el tamaño de nuestro ropero aumente a medida que disminuye nuestra autoestima. Desde luego, la mía estaba hecha pedazos cuando inicié la limpieza general, de modo que, inconscientemente, utilizaba aquella montaña de ropa para sentirme segura. Más que reducir mi fondo de armario, sentía que me estaba quitando la armadura que me protegía del mundo hostil.

De todos modos, nunca he creído que sea necesario sufrir para realizar este proceso. Jamás me he obligado a desprenderme de cosas cuando aún no me sentía preparada y me parece fundamental que uno se dé el tiempo necesario para interiorizar conceptos, porque es la toma de conciencia lo que produce la verdadera transformación. A medida que ocurre el cambio interior, se vuelve natural desprenderse de las cosas que sobran, sin sacrificios.

1. Reúne toda la ropa que encuentres por la casa y amontónala en una superficie despejada, por ejemplo, en el suelo del salón. Puedes incluir zapatos, abrigos y complementos. Es importante hacerlo así para tomar conciencia de cuánta ropa tienes realmente.

2. Separa toda la ropa por categorías en diferentes montones (pantalones, calcetines, camisetas, chaquetas, etc.). Esto te ayudará a tener una visión general y te facilitará la tarea de elegir.

3. Calcula y anota cuántas prendas crees que necesitas de cada categoría para la temporada. No hay un número ideal, las circunstancias de cada persona son diferentes y deberás encontrar el número que funciona bien para ti. Apunta la cantidad mínima que consideras imprescindible tirando por lo bajo. No te preocupes, es solo orientativo.

4. De cada montón, retira las prendas que tienes claro que ya no te sirven y separa las prendas que más te gustan en otro montón para conservarlas. Haz esta primera criba con todas las categorías para hacerte una idea de lo que hay.

5. Vuelve a revisar las prendas restantes de cada categoría y utiliza los siguientes criterios para conservarlas o eliminarlas:

  • ¿Está en buen estado?
  • ¿Me gusta?

¿Me queda bien?

¿Me resulta cómoda?

¿Combina con el resto de mi ropa?

¿Me lo he puesto en los últimos 6/12 meses? Y si no, ¿por qué?

Aparta las prendas que no cumplan al menos cuatro de estos criterios. Si sigues sintiendo que tienes demasiada ropa, puedes descartar algunas prendas más, aunque hayan pasado la prueba.

Saca de casa cuanto antes la ropa que has descartado para evitar la tentación de rescatar prendas y volver a meterlas en el armario. Puedes llevarlas a una asociación de beneficencia o a un centro de reciclaje, o incluso vender las que estén en mejor estado.

Ahora que solo tienes la ropa que te gusta y te queda bien, elige de cada categoría la que necesites y vayas a utilizar esta temporada, y guarda el resto por separado. Podrás recurrir a ella la próxima temporada —o cada vez que necesites reponer algo—, en vez de ir de compras. La idea es que vayas gastando la ropa que has guardado de repuesto hasta que no tengas más que la que necesitas para la temporada. Te aconsejo elegir un número muy reducido de prendas para la temporada, como experimento. No te preocupes, el resto de tu ropa seguirá estando a tu disposición si te hace falta.

Vuelve a colocar en el armario la ropa que has elegido para esta temporada. Te recomiendo utilizar el método Konmari* para doblar y organizar la ropa de forma que te resulte fácil y cómodo meter y sacar prendas de su sitio.

Me impactó tanto ver toda mi ropa amontonada en el suelo del salón, que en ese mismo momento se terminó mi adicción a ir de compras. No me lo tuve que prohibir; sencillamente, dejó de apetecerme.

A medida que avanzaba, era más consciente de que aquello suponía mucho más que una limpieza de armario. Se trataba de una limpieza interior, y es que todo está relacionado: nuestra casa refleja nuestro estado interior, y viceversa. El desastre de mi armario me estaba mostrando claramente el caos que reinaba en mi mundo interno.

Cuando terminé, mi armario quedó casi vacío. ¡Qué satisfacción abrir el armario por la mañana y ver una selección de mis prendas favoritas perfectamente ordenadas! Ahora me vestía en un momento, casi sin pensar, y ya no se me acumulaba ropa sucia por los rincones. Gané tiempo, energía y buen humor, y todo esto me produjo un clic mental que desencadenó una auténtica transformación a todos los niveles.

Pensé: «¿Qué pasaría si hiciera esta limpieza en toda la casa?». Es más, me dije: «¿Qué pasaría si aplicara el minimalismo a todos los ámbitos de mi vida, más allá de lo material?». Imaginé cómo sería

Todo está relacionado: nuestra casa refleja nuestro estado interior, y viceversa

* Marie Kondo, *La magia del orden*, Madrid, Aguilar, 2015.

dejar de sentirme desbordada por preocupaciones y emociones, y disfrutar esa ligereza a todos los niveles, en todo momento. Así fue como me picó el gusanillo del minimalismo, que no me ha soltado más. No sabía cuánto tiempo duraría, ni hasta dónde llegaría, ni hasta qué punto iba a cambiar mi vida, pero sabía que estaba en el camino correcto.

2.
Los muebles
que hay que tener

Abro los ojos. Los primeros rayos del amanecer tiñen
de luz dorada las paredes del salón. Hace meses que
duermo en el sofá porque soy incapaz de descansar
en mi cama. Demasiado desorden y demasiados
recuerdos dolorosos de la ruptura. Mi dormitorio
se ha convertido en un almacén de ropa y sé que
no volveré a dormir jamás en esa cama.
Quisiera venderla, regalarla o quemarla, y dormir
en un simple futón sobre el suelo vacío, más cerca
de la tierra y bajo la ventana, para poder ver las
estrellas. Si no hubiera pagado una fortuna por ese
maldito colchón que me destroza la espalda;
si no fuera ridículo hacer acampada en tu propia
casa... Porque hay que tener una cama.
¿O tal vez no?

E l cuerpo me pedía dormir en el suelo, así que no tardé mucho en
mandar a la porra las convenciones sociales y deshacerme de
la cama para dormir en mi viejo colchón directamente sobre el
suelo. Sí, tuve que escuchar más de un comentario desaprobador: que
si el suelo está frío, que si el colchón se te pudrirá, que si es incómodo,

que si soy una hippy... Pero al final del día yo dormía como una feliz marmota mientras otros se quejaban de insomnio.

Todo esto me dio mucho que pensar. Había estado soportando durante años ese mamotreto de mueble que me producía dolor de espalda y escalofríos emocionales solo porque «hay que tener una cama». Comencé a mirar el resto de mi mobiliario con ojo crítico y me di cuenta de que la mayor parte había acabado en mi casa porque alguien ya no lo quería, porque me parecía bonito o porque aún tenía una pared libre.

Crecí con la creencia de que «cuanto más espacio de almacenamiento tengas, mejor», y no cuestioné esta idea hasta que conocí el minimalismo. El inconveniente de tener más espacio disponible es que tendemos a llenarlo todo de cosas. Cada nuevo estante se llena rápidamente de objetos, dándonos la perpetua sensación de que necesitamos más y más espacio. Al final, acabamos coleccionando objetos para llenar nuestros muebles en vez de elegir los muebles adecuados para guardar las cosas que realmente necesitamos.

Observando, vi que no solo eran los muebles, sino que la mayoría de mis cosas las había adquirido de forma similar: impulsivamente y arrastrada por las costumbres de otros. Allí donde miraba, veía cosas que no necesitaba y que no eran coherentes con el estilo de vida que deseaba, y ahora que era consciente, me resultaba intolerable. Mi inquietud siguió creciendo cuando llevé este pensamiento un paso más allá y me pregunté cuántas cosas hago por costumbre o porque se supone que es lo normal: llevar sujetador, quejarme del tiempo, hacer tres comidas al día (aunque no tenga hambre), mantener charlas superficiales cuando lo que quiero es estar sola... ¿Hasta qué punto somos libres? ¿Cuánta influencia recibimos del entorno, la educación o la publicidad?

Todo lo que hacemos a lo largo de nuestra vida está de alguna manera influenciado por nuestro entorno; es natural y no tiene nada de malo. Al fin y al cabo, somos una especie de mosaicos andantes. Nos vamos formando a base de pedacitos que recogemos de aquí y de allá, de cada lugar, cada experiencia y cada persona que se cruza en nuestro camino. El problema viene cuando actuamos por inercia y acabamos aceptando costumbres de otros sin cuestionarlas.

No se trata de juzgar las costumbres sociales como buenas o malas, sino de elegir conscientemente si queremos participar en ellas o no. Debemos revisar si son coherentes con nuestros valores personales y no aceptarlas ciegamente, porque una cosa es segura: cuando no tomamos decisiones conscientes, otros las toman por nosotros.

Muchos tenemos la costumbre de almacenar cosas aparentemente inservibles para posibles emergencias, porque podrían servir para algo en algún momento; o sea, por si acaso. Yo guardaba cajas de cartón por si necesitaba empaquetar algo, ropa vieja por si me quedaba sin ropa limpia y todo tipo de chismes que podían ser útiles para mis manualidades o para hacer chapucillas en casa. En fin, un montón de basura que llenaba mis armarios y que en raras ocasiones llegaba a utilizar. Está genial tener recursos y reutilizar materiales, pero se convierte en un problema cuando los «por si acaso» abarrotan los armarios y nos crean problemas de espacio, desorden y estrés.

Me di cuenta de que, en el fondo, guardaba todas esas cosas por temor a sentir carencia. Algo en mi interior me impulsaba a agarrar fuerte cualquier cosa que cayera en mis manos, como si fuera la última posibilidad, como si me esperara un futuro negro lleno de emergencias y falto de recursos. Lo mismo me pasaba a otros niveles: me aferraba a personas por miedo a quedarme sola o aceptaba cualquier oportunidad por miedo a que no viniera nada mejor más adelante.

Limpieza de los «por si acaso»

Junta en un montón todos los «por si acaso» que encuentres en tu casa; o sea, todas las cosas que no estés usando actualmente y que no sepas cuándo las vas a necesitar. Ponerlas todas juntas te ayudará a tomar conciencia de cuántas son en realidad.

Observa el espacio que ocupan. Observa cada objeto y pregúntate:

¿Qué probabilidades hay de que llegue a utilizarlo?

¿Qué pasaría si lo necesitara y no lo tuviera?

¿Podría pedirlo prestado o encontrar alguna alternativa?

¿Me costaría mucho comprarlo o volver a conseguirlo más adelante?

Teniendo esto en cuenta, valora si te compensa el espacio que ocupa cada objeto.

Hazte estas mismas preguntas cada vez que vayas a traer algo nuevo a casa.

No te preocupes si encuentras objetos que te hacen dudar y no lo ves claro. Empieza despidiéndote de los que te resulten evidentemente innecesarios y vuelve a guardar los que, sin duda, quieres quedarte. Puedes poner los restantes en una caja accesible y volver a revisarlos más adelante. Unas semanas suelen bastar para resolver este tipo de dudas.

El minimalismo me ha enseñado a confiar en la vida. Cuando era niña me vi unas cuantas veces llorando aterrorizada, colgada de algún risco que me parecía altísimo, sin darme cuenta de que estaba a un palmo del suelo. Mamá me gritaba: «¡Suéltate, no te va a pasar nada!». Pero yo estaba convencida de que me rompería la crisma. Y es así como muchos pasamos la mayor parte de nuestra vida: aterrorizados, aferrándonos a lo que sea para no caer en un abismo que no existe. Sintiéndome totalmente vulnerable, tuve que soltar todas esas cosas que me daban seguridad para comprobar que ya estoy a salvo, que no necesito guardar cosas o aferrarme a la primera oportunidad, porque me llegará, lo que necesite, a su debido tiempo.

Casi cuatro años después, todavía no me he arrepentido de haber tirado algo. Por el contrario, no dejo de sorprenderme de cómo las cosas, las oportunidades y las personas van llegando a mi vida siempre en el momento justo, cuando tengo el valor de confiar en la vida; del mismo modo que, al confiar y soltarme del risco, podía volver a los brazos protectores de mi madre. Y cuando digo «confiar en la vida», no me refiero a caer en la pasividad o en la irresponsabilidad pensando que «Dios proveerá». Confiar en la vida significa desear de forma consciente y meditada, y trabajar activamente en aquello que queremos, pero sin apegarnos al resultado. No es una cuestión de confianza ciega, sino de ir comprobando, a través de la observación constante, cómo la vida tiene siempre recursos inesperados y maravillosos.

La vida tiende a darnos en todo momento lo que necesitamos para ser felices. El problema es que nos obcecamos en ciertas cosas que creemos que nos harán dichosos y no somos capaces de ver la abundancia de soluciones creativas que nos ofrece la vida. Nadie nos enseña a desear correctamente. Por eso se dice aquello de «cuidado con lo que deseas, porque se puede cumplir». Y, de hecho, a menudo se cumple y nuestra experiencia vital se acaba convirtiendo en una mezcla de deseos inmaduros y pensamientos negativos; un cóctel explosivo que puede darnos muchos quebraderos de cabeza.

Antes creía que necesitaba un puesto de trabajo importante, una casa grande y un marido guapo para ser feliz. El minimalismo me ha enseñado a desear simplemente ser feliz, sin encasillarme en una imagen determinada de felicidad.

Confiar en la vida
significa desear de forma
consciente y meditada,
y trabajar activamente
en aquello que queremos,
pero sin apegarnos
al resultado.

3.
El día que se llevaron mis recuerdos

Observo desde la ventana de mi dormitorio a los dos
voluntarios que han venido a llevarse mis cosas.
Siete enormes cajas de mudanza llenas de objetos
que he decidido donar. Las cargan en su furgoneta
y escucho el golpe sordo de la puerta al cerrarse.
Tras unos instantes que se me hacen eternos, el motor
arranca y veo el vehículo rojo alejarse lentamente
hasta perderse de vista al final de la calle. Me vuelvo
hacia el amenazador espacio vacío donde, hasta
hace un momento, estaban apilados mis apreciados
recuerdos. Siento un nudo en el estómago y una
lágrima resbala por mi mejilla. Regreso junto a la
ventana y me quedo como hipnotizada mirando
la calle en silencio. Después de unos minutos, empiezo
a sentirme más ligera; el dolor está desapareciendo
por momentos y da paso a una profunda satisfacción,
y miro otra vez la habitación despejada, los estantes
vacíos. Ahora no hay nada estorbando en mitad
del pasillo, nada molestando a la vista y, en cambio,
hay espacio de sobra para guardar cómodamente
lo que me queda. La casa se me antoja más luminosa,
más grande, más bonita. Me pregunto qué más
puedo dejar ir.

ENFRENTARSE AL VACÍO

Los seres humanos tendemos a llenar de cosas cualquier espacio vacío de nuestras casas. Al igual que las ardillitas recolectan piñas afanosamente para sobrevivir al invierno, nosotros también obedecemos al instinto de acumular en nuestra guarida todo tipo de cosas que nos hacen sentir a salvo. Ahora bien, mientras que las ardillas recolectan alimentos para protegerse del hambre, nosotros recopilamos objetos para protegernos de... ¿qué? Del aburrimiento, la soledad, la nostalgia, la tristeza... De nosotros mismos y de nuestras emociones, al fin y al cabo.

Recopilamos objetos para protegernos de nosotros mismos y de nuestras emociones

Cuando hice la primera limpieza en casa, todo empezó a cambiar rápidamente: conocí a personas nuevas, cambié de profesión y de ciudad, me sentía distinta... ¿Casualidad? No lo creo. Y es que, al vaciar nuestra casa de objetos y recuerdos acumulados, hacemos espacio para que entren cosas nuevas; es en esos nuevos espacios vacíos donde encontramos la creatividad para construir la vida que deseamos.

La ausencia de objetos, el silencio, la soledad, la oscuridad... son diferentes formas de vacío que reflejan nuestro vacío interior, ese desasosiego que sentimos cuando nos desconectamos de nosotros mismos. Lo llamamos «aburrimiento» o «ansiedad», e intentamos taparlo llenando nuestra casa de objetos, nuestro día de actividades, nuestra mente de distracciones. A medida que despejamos la casa y reducimos las distracciones externas, nos vamos enfrentando a ese vacío inte-

Al vaciar nuestra casa de objetos y recuerdos acumulados, hacemos espacio para que entren cosas nuevas

rior que tanto nos esforzamos por evitar. Este es un paso esencial para conocerse uno mismo. Y el autoconocimiento es la base de una vida emocional sana.

Cuando tenía tan baja la autoestima, trataba de ganarme el aprecio de los demás a base de adquirir objetos con los que me identificaba y que creía que me definían como una persona interesante. Pensaba que mi ropa me hacía original y sensual, que mi estantería llena de libros me hacía inteligente, que los recuerdos de mis viajes me hacían aventurera, que mi proyector de cine y mis discos de vinilo me hacían alternativa. Confusa y atrapada en una profunda crisis de identidad, me aferraba a mis cosas como si fueran un salvavidas. Cuando por fin se las llevaron, me vi por un instante completamente desamparada, desprovista de identidad. Para mi sorpresa, pronto pude comprobar que seguía siendo la misma. Todas esas cualidades que atribuía a mis posesiones seguían formando parte de mí, y ahora me sentía más ligera, más libre.

Hoy disfruto de mis pertenencias materiales con mayor gratitud, sabiendo que no me definen y que mi felicidad no depende de ellas. No creo que sea necesario vivir como un monje franciscano para conocerse a uno mismo, pero he experimentado una gran mejoría en mi autoestima a medida que he ido liberándome del exceso de cosas.

2. Mis recuerdos no están almacenados en mis cosas

Mis experiencias y mis recuerdos son parte de mi ser, nada ni nadie me los puede quitar.

Incluso los que creo haber olvidado me acompañarán siempre, ya que han ido moldeando mi carácter y mi forma de relacionarme con el mundo. Mis experiencias no habitan en el interior de las cosas que asocio a ciertas personas o acontecimientos. Parece evidente, y sin embargo seguimos llenando nuestras estanterías de recuerdos, nos aferramos a objetos viejos e inservibles, y nos perdemos los mejores momentos por querer capturarlos en una fotografía.

Guardar recuerdos es algo bonito y no tiene nada de malo, pero puede ser un obstáculo cuando no tenemos un criterio claro y almacenamos todo aquello que nos evoca una emoción. Yo, que solía guardar hasta viejos billetes de avión y sobrecitos de azúcar, descubrí un truco maravilloso que acabó para siempre con mi problema.

A menudo acumulamos objetos que no tienen ninguna utilidad pero que nos evocan hermosos recuerdos que no queremos perder. Suelen quedar olvidados durante años mientras ocupan un espacio valioso en nuestros armarios y trasteros.

Puedes hacer fotos digitales de estos objetos y archivarlos en tu ordenador. De esta forma, conservarás el recuerdo sin necesidad de guardar el objeto físico. Además, tendrás todos estos recuerdos reunidos y accesibles para disfrutarlos siempre que quieras.

También puedes utilizar un escáner para digitalizar todo tipo de documentos y fotos en papel.

Al revisar mis recuerdos, encontré cartas que me hacían llorar cada vez que las leía y muchas otras cosas que me producían tristeza o hacían que me sintiera culpable, y yo me aferraba a ellas. Había una parte de mí que disfrutaba revolviendo en la miseria de esas emociones pasadas. Las emociones negativas nos producen una especie de subidón extraño que se asemeja mucho al efecto de una droga. Nos volvemos literalmente adictos a esas emociones dolorosas, y terminamos buscándolas y recreándolas de forma inconsciente. No fue fácil soltar todos estos recuerdos dolorosos, pero la experiencia me hizo ver claramente cómo me estaba causando yo misma gran parte de mi sufrimiento. Me quité la corona de «reina del drama» y tomé la decisión de dejar de revolver en mi basura emocional.

Elige una caja del tamaño que creas conveniente para guardar juntos todos los recuerdos físicos que quieras conservar. Tu espacio para almacenar será limitado, de forma que solo conservarás los que realmente sean valiosos.

Tenerlos reunidos en una misma caja te ayudará a mantener el orden en tus armarios y, además, podrás disfrutar de tu colección de tesoros al completo siempre que quieras.

Otra opción es utilizar un pequeño mueble expositor.

En cualquier caso, asegúrate de que todos tus recuerdos permanecen juntos y bien accesibles.

Los recuerdos realmente importantes no se olvidan, y los que se olvidan, no eran tan importantes. Cuando tengo miedo de olvidar algo, me recuerdo a mí misma que no se puede echar de menos algo que se ha olvidado. Creo que infravaloramos nuestra capacidad de olvidar, que es un proceso esencial para la salud mental. Las nuevas tecnologías y el materialismo hacen cada vez más difícil que nuestros recuerdos puedan seguir su curso natural.

Al final, la mejor manera de conservar recuerdos es compartir experiencias con otras personas. Y el simple hecho de ver a esas personas te trae las sensaciones de nuevo, y ¡cómo nos divertimos contándonos historias del pasado!

El minimalismo es para sentirse mejor; no es necesario sufrir ni sacrificarse. Es natural sentir dolor al desprendernos de nuestras cosas, pero deberían predominar los sentimientos de liberación y satisfacción, como cuando lloras al despedirte en el aeropuerto pero luego emprendes tu viaje, contento e ilusionado.

Se dice que el dolor es inevitable pero el sufrimiento es opcional. El dolor es inherente a la experiencia humana y necesario para nuestro desarrollo. El sufrimiento, en cambio, es el resultado de resistirnos al dolor; es producto de la tensión insoportable a la que nos sometemos cuando intentamos evitar a toda costa las emociones que nos incomodan.

Busca en tu casa un objeto que te estorbe pero del que te resulte difícil desprenderte.

Hazle una foto de recuerdo y dónalo, o tíralo.

Observa entonces tu dolor, cuánto tiempo lo sientes, qué otras sensaciones buenas van surgiendo.

Si te gusta la experiencia, continúa con otros objetos.

El día que vinieron a llevarse mis cosas se me saltaron las lágrimas, pero sabía que necesitaba hacer espacio en mi casa y que sería un paso importante para transformar mi vida. Me permití llorar, experimentar miedo y tristeza, y cuando atravesé el dolor, encontré al otro lado una alegría abrumadora. Nos perdemos las cosas más bonitas de la vida por miedo a atravesar el dolor que conllevan. Por más que creamos que evitando el dolor seremos felices y nos sentiremos más seguros, una vida sin dolor es una vida vacía.

4.
Convivir con
no-minimalistas

Voy dando saltos por el pasillo, esquivando bolsas
y trastos. Echo un vistazo al salón desde el quicio
de la puerta y retrocedo ante la visión desalentadora.
Parece que hubiera entrado un tornado por la
ventana. No me inspira sentarme aquí a relajarme,
así que regreso a la cocina, que está llena de
cacharros sucios, y siento ahora la ira bullendo
en mi interior. Me paso los días limpiando para tener
un hogar medio decente, pero a él no le importa,
y yo tengo que ir detrás arreglando el desastre,
como si fuera su madre.

a convivencia con otras personas es uno de los mayores retos cuando te planteas el minimalismo, ya que tendemos a culpar a los demás del malestar que sentimos en casa. A lo largo de mi vida, he convivido con diferentes personas que tenían tanta dificultad como yo con el desorden y la acumulación. Este fue un motivo recurrente de tensiones en mi día a día hasta que el minimalismo cambió mi modo de entender el problema y descubrí que el desorden que percibo en mi entorno, tanto el mío propio como el de las personas con las que convivo, no es más que un reflejo de mi desorden interno.

En cambio, cuando tengo orden dentro de mí, no hay caos de otros que pueda desestabilizarme.

Dejémonos de excusas: en realidad, no hay nada que nos prohíba liberarnos de los objetos que nos sobran, al menos de los nuestros, que son los que importan. Y, más allá de lo material, tenemos también libertad para cambiar nuestra actitud y nuestra filosofía de vida siempre que lo consideremos oportuno. ¡Tú puedes ser minimalista, si es lo que deseas!

Yo he encontrado una solución que nunca me falla: ocuparte de lo tuyo y dejar a los demás en paz. Con lo mío ya tengo tarea de sobra, y mientras aún haya alguna cosita que ordenar en mi vida, no tiene sentido preocuparme por el desorden de los demás.

LO QUE HE APRENDIDO PARA LA CONVIVENCIA

1. Comunicar eficientemente

Cuando decides vivir *minimalistamente*, es muy importante que te comuniques bien con tu familia para que no haya malentendidos ni tensiones. Este proceso lo haces por y para ti y no es necesario que ellos participen. No hace falta convencerles, ni presionarles, ni mucho menos hacerles sentir culpables. Cuéntales lo que vas a hacer y no des más detalles a no ser que te pregunten. Si quieren participar, ¡genial! Pero si no, procura que entiendan que no les estás pidiendo nada, aparte de un poco de paciencia, y explícales que no se van a ver afectados por tu zafarrancho minimalista y que, por supuesto, vas a respetar sus cosas. Si surgen tensiones, intenta siempre conservar la calma y abrirte al diálogo. Pregúntales cómo se sienten y qué necesitan. Buscad juntos soluciones creativas que os beneficien a todos. Cuando sientes que no te comprenden, muy probablemente ellos sentirán que eres tú quien no les comprende a ellos. Conclusión: hablar, hablar, hablar.

Respetar las cosas (y las decisiones) de los demás y mostrar empatía es indispensable para crear una fuerte relación de confianza. A lo largo del proceso, es probable que necesites mover objetos de otras personas para poder reorganizar los tuyos. Pide siempre permiso y no esperes que lo hagan ellos. Jamás tires cosas que no son tuyas, incluso si crees que no se van a dar cuenta. Esto dañaría gravemente vuestro vínculo de confianza. Pídeles que respeten tus cosas como tú haces con las suyas. Debes estar dispuesto a renunciar a muchos de los cambios que te gustaría hacer en casa, y a darles tiempo para interiorizar poco a poco las ideas que estás poniendo en práctica. Inevitablemente, tu transformación acabará calando en los demás. Y, en cualquier caso, ellos tienen tanto derecho como tú a elegir el estilo de vida que crean conveniente.

Con el fin de evitar conflictos, lo más efectivo es que cada miembro de la familia tenga un espacio propio para guardar sus cosas. Separar ayuda a que cada persona se haga responsable de lo suyo y evita que el desorden de uno afecte a los demás. Como persona extremadamente desordenada que soy, me parece importantísimo tener derecho a desordenar en tu propia casa, pero, eso sí, en el espacio que te corresponde. Las áreas comunes, como el salón o el recibidor, deben quedar siempre despejadas. Es un beneficio para todos.

4. Si te molesta, hazlo tú

Sé lo molesto que es ir detrás de otras personas recogiendo sus cosas. Pero cuando no sirve de nada insistir en que las ordenen, hay ocasiones en que la mejor opción es recogerlas tú y ahorrarte la monserga. No se trata de que les ordenes su habitación, sino de retirar sus cosas de las áreas comunes y llevarlas al espacio de la persona que corresponda.

En mi casa tenemos un rinconcito donde voy amontonando las cosas de mi pareja que me estorban. De vez en cuando, coge toda la pila de cosas y las guarda. Él hace lo mismo con las mías, y este sistema nos evita peleas. Eso sí, este truco solo funciona cuando lo haces sin rencor; no si lo utilizas a modo de protesta silenciosa. Con la práctica descubrirás que no te cuesta nada hacerlo, y te aseguro que tu actitud relajada tendrá efectos positivos en la dinámica familiar.

5. Crear un espacio para ti

El desorden de los demás será soportable siempre y cuando tengas un espacio tuyo que los demás respeten y que esté ordenado, como un pequeño santuario privado donde puedas retirarte cuando lo necesites. Lo ideal sería tener una habitación de uso exclusivo, pero no todos tenemos ese lujo al alcance. Sin embargo, hay otras opciones que también sirven: la esquina de una habitación separada por un biombo, un escritorio o un simple sillón serán suficientes, siempre que los demás lo sepan y lo respeten. Yo tengo una esquina del sofá, junto al ventanal, donde paso muchas horas al día trabajando. Es un rincón muy luminoso con vistas a los castaños enormes del patio, y por la noche se pueden ver las estrellas. Enciendo una velita, pongo música suave y ya tengo mi santuario listo. En el peor de los casos, si realmente no dispones de este espacio en casa, lo puedes buscar fuera. Yo cuento con una lista de bibliotecas, cafés y parques a los que me gusta ir cuando necesito estar sola y tranquila.

Cuando te das cuenta de que presionar y amenazar a tus familiares, así como repetirles las cosas cien veces, no sirve más que para crear peleas, es hora de probar el «fantástico truco secreto» de dejarlos en paz y predicar con el ejemplo. Céntrate en poner en orden tus cosas y tu mundo interior. Esto tiene un efecto potente en los que te rodean porque no hay nada más llamativo que una persona que tiene orden en su interior. A medida que sean testigos de tu transformación, inevitablemente empezarán a sentir curiosidad y a hacerse preguntas. Puede que algunos sientan rechazo, porque una persona en paz puede ser irritante para alguien cuya vida es un caos. En este caso, sé paciente y comprensivo, y evita entrar en discusiones estériles.

Nunca intento convencer a nadie de mi forma de vivir; sin embargo, desde que adopté el minimalismo, muchas personas de mi entorno han sentido curiosidad y han empezado a transformar sus casas y sus vidas. Es hermoso de ver.

Tenemos que ser conscientes del susto que causamos a la gente que nos quiere cuando empezamos a desprendernos de nuestras pertenencias. Es natural que se preocupen, pueden sentirse heridos e incluso amenazados. Intentarán quedarse con tus cosas o convencerte de que no las tires, o querrán dar su opinión al respecto. Sea como sea, lo que está claro es que las personas que realmente te quieren solo desean tu bienestar.

Yo hago una especie de traducción simultánea en mi mente cuando oigo críticas y ciertos comentarios, y acabo escuchando: «Adri, te quiero y quiero que seas feliz». Y respondo con una sonrisa y sigo con lo mío, sin enredarme en explicaciones. La mejor forma de ahorrarse malos ratos es evitar pontificar y no entrar en discusiones ni justificarse.

5.
Desordenada
por naturaleza

*Casi es de noche cuando llego a casa después
de un largo día de trabajo. Conforme abro la puerta,
me enfrento al batiburrillo de zapatos, chaquetas y
bolsos desperdigados por el pasillo. Arrojo el correo
sobre la pila de papeles que crece encima del mueble
del recibidor y reparo en las pelusas mastodónticas
que proliferan entre mis obras de pintura almacenadas
detrás de la puerta. «¡Pero si limpié ayer!», me digo
derrotada. Me dirijo a la cocina y encuentro el
fregadero lleno de cacharros sucios y la mesa cubierta
de cosas que no deberían estar allí. Tengo hambre
y me siento frustrada, avergonzada, agotada.
Pido comida india a domicilio y me pongo a fregar
y a ordenar durante el resto de la tarde. Me voy
a dormir deprimida, sabiendo que mañana volveré a
encontrarme el mismo caos. Así va a ser mi vida.*

iempre he sido muy desordenada, no lo puedo evitar. Saco
cosas de su sitio sin darme ni cuenta y me siento sobrepasada
con asombrosa facilidad a la hora de recogerlas. Me he pasado media vida luchando conmigo misma, rezando por convertirme en

la persona superordenada que deseaba ser. No sé cuántas veces he diseñado nuevos sistemas de organización, he comprado estanterías, cajas, bolsas y cestas, he movido muebles en mi obsesión por encontrar la solución perfecta, pero ninguno de mis esfuerzos ha funcionado de forma definitiva.

El minimalismo me dio la clave para entender que el problema no era yo, ni mi método de organización, sino la cantidad de cosas que tenía.

Hay un número limitado de cosas que un ser humano es capaz de controlar al mismo tiempo. Esta capacidad puede variar según nuestras circunstancias personales. Por ejemplo, cuando pasamos por épocas emocionalmente difíciles, no es de extrañar que nos volvamos un poco más «desastrillos»; en cambio, nuestra casa suele tener mejor aspecto cuando nos sentimos relajados y satisfechos con la vida. En cualquier caso, los que somos desordenados por naturaleza siempre tendremos dificultades para lidiar con numerosas cosas a la vez, pues mucho me temo que el que es desordenado lo será toda su vida.

He descubierto algo genial: ¡no tengo que convertirme en una persona ordenada! Lo que necesito es una estrategia para ordenar superrápido, dando por sentado que voy a ser desordenada toda mi vida. Este cambio de mentalidad me ha liberado de la presión de sentir que soy defectuosa y que debería ser de otra manera; me ha permitido quererme un poquito más. Soy desordenada porque soy maravillosamente impulsiva, creativa y caótica; y ahora que he encontrado una forma mejor de resolver el problema, puedo darme permiso para ser lo que soy y dejar de luchar contra mi naturaleza.

Y ¿cuál es la mejor forma de poder ordenar superrápido? Pues reducir la cantidad de cosas que se tienen que ordenar, ¡así de sencillo! Cuando ningún sistema de organización te funciona, es que tienes demasiadas cosas, no le des más vueltas.

Sí, un buen sistema de organización nos puede facilitar la tarea, pero solo dará resultado si tenemos un número de cosas que seamos capaces de manejar.

Cuando tienes montones de cosas y un mal sistema de organización, no sabes dónde va cada cosa y es demasiado complicado recogerlo todo. Obviamente, el caos se apodera de tu casa.

Si introduces un nuevo sistema de organización muy bien estudiado para el mismo número de cosas, durante una temporada te será más fácil mantener el orden, pero probablemente volverás poco a poco a las andadas, ya que sacas las cosas de su sitio más rápido de lo que tardas en recogerlas.

Ahora bien, si reduces notablemente la cantidad de objetos que tienes que guardar, tu sistema de organización se volverá supersimple automáticamente. Por mucho que desordenes y lo saques todo de su sitio, lo podrás volver a recoger en un abrir y cerrar de ojos, casi sin pensar.

EL NÚMERO MÁGICO

A muchos amantes del minimalismo les gusta valorar su «nivel de minimalismo» según la cantidad de cosas que tienen. A mí, la verdad, nunca me ha interesado demasiado contar mis pertenencias. Desde mi punto de vista, tener menos es una consecuencia del minimalismo, no el objetivo. En el fondo, los minimalistas nos deshacemos de objetos motivados por una necesidad mucho más profunda que la de hacer espacio: la necesidad de encontrar esa dicha genuina que sabemos que las cosas materiales nunca nos darán.

Para poner en marcha el proceso de limpieza, puede ser de ayuda empezar por quitar de en medio aquello que sin duda nos sobra, pero no debemos centrar nuestra atención en lo que queremos tirar. Por el contrario, lo que queremos es dar un lugar preferente a las cosas que más valoramos. Una vez hemos identificado lo valioso, será fácil dejar ir el resto sobrante; pero de poco servirá deshacernos de un montón de pertenencias sin antes haber identificado las que son realmente importantes para nosotros.

No hay un número ideal de cosas que una persona deba tener, no existe un manifiesto minimalista que contenga las cifras reglamentarias. No, cada persona es diferente y única, y sus circunstancias y necesidades también lo son. Por eso, le toca a cada uno decidir por sí mismo la cantidad de objetos con los que se siente cómodo. Yo digo que hay un «número mágico» personal, que es lo bastante grande para sentirse cómodo, pero lo bastante pequeño para que resulte fácil de manejar y de mantener en orden. Saber encontrar ese punto de equilibrio es todo un arte, y cuestión de práctica.

Elige una categoría de cosas que te gustaría reducir. Pongamos, por ejemplo, que deseas encontrar tu número mágico de bolígrafos. Reúne todos tus bolígrafos en un montón y échales un vistazo.

Decide cuál es el número mínimo de artículos que necesitas de esa categoría. No tengas miedo de tirar por lo bajo, recuerda que se trata de experimentar y buscar tus límites. En este caso, podrías decidir que un único bolígrafo es lo indispensable. Elige el que más te guste y guarda el resto fuera de la vista.

Durante los próximos días, utiliza solamente el bolígrafo que has elegido. Observa cómo te sientes, si experimentas dificultades o limitaciones, si echas de menos alguno de los otros y por qué.

Cada vez que te encuentres ante una necesidad real, acude a tu colección y saca lo que necesites. Continúa utilizando solo los que has ido sacando. Añade tantos como sea preciso, hasta que sientas que tienes suficientes o hasta que empieces a tener dificultades para mantener el orden.

Guarda los objetos de la misma categoría siempre en el mismo sitio para que no se te pierdan, y lava cuanto antes los que precisen limpieza para tenerlos siempre disponibles. Así evitas tener que aumentar el número.

Este ejercicio te permite experimentar la sensación de vivir con lo justo sin necesidad de tomar decisiones definitivas de entrada, sin presiones. Todas tus cosas siguen estando ahí, así que puedes probar reducir mucho más de lo que considerarías prudente. Tómatelo como un juego y déjate sorprender por el resultado.

Yo hice este experimento con mi vajilla y cubertería y descubrí que en realidad nunca necesitaba más de dos platos —o cucharas— al mismo tiempo, y al usar tan poquitos, ya no se me acumulaban en el fregadero y me resultaba facilísimo fregar después de comer. Conservé algunas piezas más para las visitas, pero fuera de la cocina para que no me estorbaran.

Aunque sigo siendo muy desordenada, ahora necesito un esfuerzo mínimo para poner todas mis cosas en orden. No voy a decir que me ilusione hacer las tareas domésticas, pero lo cierto es que encuentro una satisfacción creciente en los momentos de limpieza, como si al limpiar mi espacio estuviera simultáneamente limpiando y ordenando mi interior. Yo, que estuve traumatizada por el desorden durante toda mi infancia y gran parte de mi juventud, encuentro ahora un placer casi terapéutico en los momentos de limpieza.

6.
Adicción a
ir de compras

Otro día horrible de trabajo que termina, pero no quiero irme a casa, no puedo. En casa me esperan las voces que me dicen que soy una fracasada. Me espera la angustia de saber que he perdido otro día de mi vida sometiéndome a lo que otros esperan de mí, y que estoy atrapada en esta trampa que me he construido yo misma. No tengo amigos con los que ir a tomar café, solo me queda ir de tiendas el resto de la tarde. Al menos en el centro comercial hay luces de colores y música alegre. Hay dependientes que me tratan bien y un montón de gente que no me juzga y que me hace sentir acompañada. Puedo mirar lo que quiera, probarme lo que quiera, comprar lo que quiera... En el centro comercial nadie me dice lo que tengo que hacer, nadie me juzga; allí soy libre y puedo soñar.

n los años anteriores a mi fase minimalista y durante mi depresión, desarrollé un pequeño problema de adicción a ir de tiendas. Mi forma de comprar era relativamente discreta, entraba dentro de lo socialmente aceptado. Nunca me endeudé, ni adquirí cosas tan absurdas que llamara la atención de mi familia o me hiciera intuir a mí misma que algo no andaba bien. Salir de compras para animarme cuando tenía un mal día me parecía lo normal, lo que hace todo el mundo, lo que se ve en las películas de Hollywood. Mi sueldo me lo permitía y, mientras tuviera algo de espacio en casa, ¿por qué no iba a darme ese gusto?

Sin embargo, el hecho de que un hábito sea considerado normal y que todo el mundo lo haga, no significa necesariamente que sea inofensivo. Cualquiera estará de acuerdo conmigo en que el uso que hacemos por lo general de los smartphones es enfermizo, por mucho que lo hayamos normalizado. Lo mismo se puede decir de la comida basura o de las borracheras de fin de semana. Pero ir de compras no perjudica la salud directamente y no parece preocuparle a nadie, siempre que te queden fondos en la cuenta bancaria. Al contrario, todo a nuestro alrededor nos incita al consumismo. Entonces, ¿dónde está el problema?

Considero que lo mío era una adicción porque adquiría objetos por el simple placer de comprar, por capricho, pero no los necesitaba realmente. Compraba para anestesiar el profundo vacío que me devoraba por dentro, porque era lo único que me daba un poquito de alegría. No llevaba la cuenta de lo que adquiría ni de lo que gastaba. Cada vez me daba menos satisfacción, pero seguía comprando. Me obsesionaba con cosas como los zapatos o los hidratantes labiales; llegué a acumular sesenta pares de zapatos y las barras de labios inundaban mis cajones, pero no podía pasar por delante de ellos sin sentir una atracción magnética. Pasaba horas mirando tiendas online, a veces sentía como una fuerza superior a mí que me obligaba a seguir mirando. En el fondo, me avergonzaba y me sentía culpable porque todo esto no era coherente con mis valores, pero evitaba pensar en ello.

Entendí que tenía un problema de adicción el mismo día que descubrí el minimalismo. Comprendí de golpe cómo estaba utilizando este hábito consumista para intentar tapar mi dolor, y que no estaba funcionando ni iba a funcionar nunca. Tenía que hacer espacio y volver a una vida más sencilla. Sabía que era la única manera de transformar mi vida y salir de mi propia trampa.

Yo no creo que caigamos en adicciones por descuido o necedad, sino que, inconscientemente, siempre tenemos un buen motivo. Una adicción es una estrategia de emergencia para calmar la ansiedad que nos causan aquellos problemas que no sabemos cómo afrontar.

Mi adicción a ir de compras me mantenía a flote en un momento en que toda mi vida se desmoronaba. Pero las soluciones de emergencia no sirven indefinidamente, tarde o temprano hay que reparar la avería. No obstante, no quería privarme justo de aquello que me mantenía a flote. Antes de dejarlo, tenía que encontrar una alternativa para cubrir la necesidad real que intentaba satisfacer cuando compraba. Entendí que, en el fondo, buscaba alegría y libertad, así que me propuse hacer todos los días alguna cosa que me proporcionara estas sensaciones. Empecé a cantar y escribir canciones, a hacer acroyoga, a pasear por el bosque y a viajar sola. Estos momentitos de alegría y libertad diarios, realizados de forma constante, lo cambiaron todo. No debemos infravalorar el poder de las miles de pequeñas libertades y alegrías que tenemos a nuestra disposición cada día.

Nunca tuve que esforzarme por dejar de comprar. Sencillamente, dejó de apetecerme porque había cosas más interesantes de las que quería ocuparme. Visualizaba mi casa limpia y ordenada, imaginaba tener tiempo y energía, paz y claridad mental, una vida más sencilla, más lenta... Las ideas del minimalismo me motivaron a cambiar mi hábito consumista, que sabía que era incompatible con este estilo de vida que casi podía acariciar con la punta de los dedos.

CALIDAD POR ENCIMA DE CANTIDAD

Todo esto no implica que quienes disfruten saliendo de compras tengan un problema de adicción. De la misma forma que disfrutar de un vasito de vino en las comidas no nos convierte en alcohólicos. ¿Por qué no disfrutar de una buena compra? Así como tener menos cosas no es el objetivo del minimalismo, tampoco lo es comprar menos. En cambio, sí lo es comprar mejor y más conscientemente, y la consecuencia natural de eso es que compramos menos sin proponérnoslo. No hace falta renunciar a lujos y comodidades para ser minimalista. ¡Al contrario! Se trata de disfrutar más de nuestra vida y de nuestras cosas.

Imagina una habitación con las paredes repletas de fotos de diferentes estilos y tamaños. Sería divertido, pero probablemente ninguna de las fotos te llamaría particularmente la atención. Ahora imagina la misma habitación con las paredes blancas y tu foto favorita colgada en el centro, bien grande y enmarcada. ¿Qué sensación te produciría? Pues esta es la sensación que se tiene cuando eliges conscientemente rodearte de una reducida selección de objetos de calidad que te encantan. Tienes la oportunidad de disfrutar realmente de ellos y te sientes agradecido por cada uno.

El minimalismo prioriza calidad por encima de cantidad. Esto significa que tendremos menos cosas, pero todas ellas serán de mejor calidad, nos durarán más tiempo y nos darán la máxima satisfacción. A menudo acabamos gastando más dinero por tener que reemplazar artículos baratos que se estropean, o que no nos acaban de gustar, que si invirtiéramos un poco más de dinero desde el principio en aquello que más nos gusta para disfrutarlo más tiempo. Como dice el refrán: «El que compra barato, compra todo el rato».

Ver y tocar los productos con tus manos antes de comprarlos te ayuda a evitar las compras impulsivas.

Ir de tiendas para ver lo que encontramos, difícilmente nos va a conducir a una compra eficiente. Sal con una lista y limítate a buscar aquello que necesitas.

Compara las diferentes opciones, marcas, especificaciones, etc.; así, cuando llegues a la tienda, ya tendrás una idea concreta de lo que quieres y ahorrarás tiempo y confusiones que podrían conducirte a comprar algo que no se ajustaba a lo que buscabas.

- Retrasa la decisión. Siempre que te encuentres a punto de comprar algo que no tenías planeado, date un margen para reflexionar. No tienes que prohibírtelo, simplemente retrasa el momento de la compra. Si mañana lo sigues queriendo, puedes volver a buscarlo, o puedes retrasarlo unos días más. Como mínimo, ve a dar un paseo y vuelve más tarde. Este margen de tiempo te servirá como filtro para entender si la compra realmente merece la pena.

- Evita las ofertas. Las ofertas sirven para atraer a los compradores dándonos una falsa sensación de urgencia. Si da la casualidad de que aquello que estabas buscando está de oferta, ¡genial! Pero no caigas en la trampa de comprar algo solamente porque está rebajado.

7.
La vida nómada y la vivienda

Suspiro mientras paseo por las calles de mi añorada Berlín en un típico día lluvioso, recordando mis años de universidad. Desde que me fui, no he dejado de soñar con volver algún día, y ahora que se acerca mi año sabático no puedo evitar fantasear con mi regreso. Pero ¿cómo organizar una mudanza de esta magnitud solo por un año? Dejo de soñar, sabiendo que sería demasiado caro y complicado. Berlín tendrá que esperar. El olor característico que sale de la boca del metro m>>e llena de nostalgia, y admiro una vez más el esplendor de esta loca ciudad que esconde un universo de sensaciones multicolores tras sus muros grises.

n 2016 decidí pedir un año sabático sin sueldo en la orquesta donde trabajaba. Después de veinticinco años dedicados a la música clásica, quería explorar otras formas de ganarme la vida. En el fondo, sabía que no iba a volver, pero tuve la suerte de poder conservar mi puesto un tiempo hasta estar segura. En los meses previos a mi permiso, me pasaron por la mente todo tipo de ideas y planes. Por primera vez en mi vida, tenía la posibilidad de dedicarme a cualquier cosa que me apeteciera, y la variedad de opciones me aturdía. Lo que tenía claro es que necesitaba salir de la ciudad donde había pasado los peores seis años de mi vida. Quería viajar, conocer gente nueva, vivir todo tipo de experiencias para recuperar el tiempo perdido. Dadas las circunstancias, me habría marchado a cualquier lugar con tal de salir de allí, pero era Berlín la ciudad que me seguía llenando de nostalgia y que me pedía volver a lo que un día había sido mi hogar.

Sin embargo, por más vueltas que le daba, no me salían las cuentas. Mis cosas tenían que quedarse en algún sitio, pero no era sensato —ni me lo podía permitir económicamente— una mudanza a otra ciudad sin saber lo que el futuro me depararía. Me rendí ante la evidencia: no podía dejar que un montón de trastos me quitara la libertad de moverme por el mundo y vivir las aventuras que soñaba. Tenía que dejar mi piso y marcharme ligera de equipaje. Era una decisión dolorosa, ya que le tenía gran apego a mi bonito apartamento situado en lo alto de una colina, en el margen del bosque. Había sido mi refugio y mi consuelo durante seis años muy duros, y ahora me sentía como un pajarillo indefenso rompiendo el cascarón para salir del huevo, enfrentándome a los peligros del mundo exterior. Pero todas mis dudas y temores se esfumaban cuando me imaginaba caminando por las calles de Berlín.

Dejé mi apartamento para mudarme a una pequeña habitación de alquiler en la capital alemana. Me deshice de todos mis muebles, vendí todo lo que pude y me fui con lo que en aquel momento me parecía imprescindible, que seguía siendo demasiado, pero ya era un gran avance. Llegué allí sin un plan concreto, abierta a cualquier posibilidad que la vida tuviera a bien regalarme, y resultó que la vida me llevó a viajar tanto que apenas pasaba por la ciudad. En menos de un año dejé Berlín de nuevo, finalmente curada de mi nostalgia, para convertirme oficialmente en una nómada digital.

Hostales y Airbnb, casas de amigos y familiares, habitaciones alquiladas, furgoneta y tienda de campaña... Mi casa estaba allí donde ponía mi mochila y donde tuviera conexión a internet para poder trabajar. El mundo entero a mi disposición absoluta, gracias a haberme desprendido del lastre de mis pertenencias materiales.

Soy consciente de que una vida nómada no es posible ni deseable para todo el mundo. Yo misma sabía que no iba a vivir así de forma permanente, que era solo una fase, porque era divertido y emocionante, pero también agotador. Me resultaba difícil mantener cualquier tipo de rutina, los viajes constantes me extenuaban físicamente y mi salud empezaba a resentirse. Empezó a molestarme despertar cada día desorientada sin recordar dónde me encontraba y estaba harta de las despedidas y de tener que echar siempre de menos a alguien.

Con el tiempo me fui asentando de nuevo, no sin cierta resistencia interna y conservando la costumbre de viajar con frecuencia. No obstante, los más de dos años que pasé buscando mi sitio me hicieron reflexionar profundamente sobre esta cuestión tan básica para cualquier ser humano: la vivienda.

Habiendo crecido en un país y un momento en que la mayor aspiración de una persona joven era comprar una vivienda lo antes posible, cuando yo misma me vi con una situación y un sueldo estables, me pareció lógico pensar en casas e hipotecas. No sé qué ángel protector me libró de tomar esa decisión, porque si me hubiera hipotecado, hoy seguiría muy probablemente atrapada en un trabajo y una vida que me hacían infeliz.

Comprar una casa es una opción fantástica para muchos, pero no necesariamente tiene que ser el objetivo de todos, como si eso nos fuera a proporcionar la felicidad instantánea y eterna. En muchos casos, alquilar puede significar la libertad.

Lujo y tamaño

Actualmente, paso mucho tiempo en casa y valoro la importancia de sentirme a gusto en el lugar donde vivo, pero mi época nómada me mostró lo poquito que necesito para estar cómoda. Merece la pena revisar nuestro concepto de «lujo» y reflexionar sobre lo que realmente necesitamos de una vivienda, en vez de dejarnos arrastrar automáticamente por las costumbres. Yo siempre me he sentido más cómoda en espacios pequeños, me resultan más acogedores y cálidos, más prácticos y más coquetos. Me da alegría ver cómo se está extendiendo el movimiento de las «minicasas» (*tiny houses*), que son una ingeniosa solución para crear hogares agradables en espacios reducidos y que generalmente están pensadas para minimizar el impacto medioambiental.

No siempre «más grande» es «mejor». Para muchas personas puede ser necesario y beneficioso tener más espacio, al tiempo que otras encontrarán más ventajas en espacios pequeños, y en ambos casos será posible aplicar el minimalismo.

Es la costumbre y nos parece normal invertir un alto porcentaje de nuestros ingresos en la vivienda, de forma que no nos quedan muchos recursos para invertir en experiencias, en formación o en cualquier otra cosa que pueda enriquecer nuestra vida. Sí, la vivienda es importante y nos aporta calidad de vida, pero no debemos descuidar otros aspectos igualmente relevantes. Es una cuestión totalmente personal e individual decidir de qué manera repartir los ingresos para cubrir nuestras necesidades equilibradamente. Si pensamos en el gasto de tiempo y energía que la vivienda nos supone, además del gasto económico, tendremos aún más elementos de juicio para decidir el tamaño y las características de nuestro hogar ideal.

Yo llevé esta idea hasta el extremo de no tener casa, para poder dejar mi trabajo y vivir mil aventuras. Aunque no es necesario llegar a este punto, sí pienso que una vivienda más pequeña y simple puede suponer enormes ventajas en muchos casos, e incluso permitir una completa transformación de tu vida. Una casa fantástica no me sirve de mucho si siento que mi vida está vacía. Sin embargo, cuando me siento realizada y rodeada de amor, mi lugar de residencia no tiene tanta importancia.

A excepción de mi época nómada, siempre he sido muy casera y he tenido la tendencia a encerrarme en casa, en plan ermitaño. En este sentido, vivir en sitios pequeños me ayuda porque me impulsa a salir de casa y disfrutar de la vida fuera de mis cuatro paredes. Esto me ha hecho conocer mejor las ciudades por las que paso, disfrutar de frecuentes paseos y descubrir muchos lugares nuevos en los que me encanta pasar el rato. Pero, sobre todo, me ha hecho una persona más sociable, ya que me siento más motivada para ir de visita o quedar con amigos en algún sitio.

Resulta que, al final, el hogar es donde están las personas que amas y, por ironías de la vida, he acabado asentándome justamente en la misma ciudad de la que quise huir. Claro que mi vida hoy no tiene nada que ver con la de años atrás, así que mi percepción es completamente diferente. En parte, me siento cómoda aquí porque ahora estoy de forma voluntaria y sé que puedo marcharme cuando quiera.

Algún día me gustaría poder vivir en otro sitio donde tuviera mi propio despacho para trabajar, un lugar tranquilo cerca de las montañas con un pequeño huerto para cultivar mis lechugas. Es una visión de futuro, no tengo prisa. Sea como sea, estaré bien siempre que pueda pasar tiempo con mis seres queridos y dedicarme cada día a las cosas que me apasionan. Esto es mucho más importante que tener una habitación privada. Mientras tanto, seguiré bajando a trabajar al café de la esquina.

*Momento para revisar
nuestro concepto de lujo
y reflexionar sobre
lo que realmente
necesitamos de una
vivienda en vez
de dejarnos arrastrar
automáticamente por
las tendencias.*

8.
Minimalismo mental

*Levanto la vista de la acera al llegar a un semáforo
y me siento desorientada. No sé cuánto tiempo
he estado caminando en la dirección equivocada
sin darme cuenta, absorta en los problemas que
rondan mi mente. Me subo al metro más cercano
y saco un libro del bolso para entretenerme durante
el trayecto. Leo la misma frase una y otra vez,
pero no soy capaz de entenderla. Desisto y me pongo
los auriculares para escuchar música. Mi canción
favorita suena en loop, pero lo único que oigo son
las voces de mi cabeza. ¿Dónde estoy ahora?
Me parece que me he pasado mi parada.*

enía la sensación de vivir en una película surrealista de David Lynch. Era como si las leyes universales hubieran dejado de funcionar, el mundo me resultaba extraño e impredecible. Mi mente era como una radio escacharrada que producía un zumbido de voces incomprensibles a todas horas del día y de la noche. Cuando descubrí el concepto de «minimalismo mental» ya estaba en terapia haciendo progresos, pero sabía que necesitaba una buena limpieza, porque si algo tenía claro era que la realidad es el resultado de mi pensamiento, y mientras mi mente estuviera desordenada, mi realidad sería un caos.

Aquello que piensas, o sea, lo que te dices a ti mismo, va moldeando tu percepción del mundo; tu percepción determina tu actitud, tu actitud te conduce a determinadas acciones, y esas acciones producen consecuentes resultados. Así es como tu pensamiento crea tu realidad.

PENSAMIENTO	PERCEPCIÓN	ACTITUD	ACCIÓN	RESULTADO
Pienso que Juan me odia.	Percibo que me mira serio.	Me pongo seria y distante yo también.	Evito a Juan y lo trato con frialdad.	Juan no me invita más a su casa.

En este ejemplo, mi pensamiento me ha llevado a un resultado negativo que, encima, confirma y refuerza mi creencia. Ahora bien, ¿qué pasaría si decido enfocar mi pensamiento en lo inteligente y divertido que es Juan? El resultado sería, sin duda, diferente y generaría una nueva creencia más positiva a raíz de la experiencia.

O sea que, si elegimos conscientemente los pensamientos acertados, propiciamos los resultados que deseamos. Esto ocurre en algunas ocasiones de forma muy evidente, y en otras a niveles tan sutiles que nos cuesta verlo, pero lo cierto es que cada resultado que cosechamos es consecuencia directa de lo que nos decimos en nuestra mente.

Nuestra casa es un reflejo de nuestro estado interior, cualquier cambio en uno afecta al otro y, efectivamente, todos mis esquemas mentales empezaron a tambalearse a medida que ponía orden en mis armarios. Mi mente estaba hecha un lío, y yo quería dejarla tan despejada y organizada como había quedado mi ropero. Pero, y eso ¿cómo se hace? Los pensamientos no se pueden sacar de la cabeza como se sacan calcetines viejos del cajón, ni se pueden revisar uno por uno, pues inevitablemente surgirán otros pensamientos nuevos al instante. ¿Por dónde empezar?

Despejando mi casa, pude percibir un patrón general que se repetía en los diferentes ámbitos y categorías. Empezaba observando y tomando conciencia del desorden, de la cantidad de cosas que tenía, de mis emociones hacia ellas, de cómo las utilizaba, etc. Después hacía una selección de los objetos más importantes, los que más me aportaban, y me aseguraba de darles un lugar prioritario. Por último, me deshacía de todo lo que me estorbaba, tratando de simplificar la organización de mis cosas todo lo posible para facilitarme la vida.

Ya fueran libros, alimentos o herramientas de bricolaje, siempre seguía estos tres pasos:

Observar

Focalizar

Simplificar

Esta es mi fórmula personal del minimalismo, que me orienta en cualquier situación en la que necesito estructurar mi mente. Al fin y al cabo, todo proceso empieza en la mente, así que poner nuestros pensamientos en orden es la clave que nos asegura una vida sencilla y plena. Entonces, ¿cómo aplico esta fórmula?

Nuestra mente nunca se detiene, ni siquiera cuando dormimos. Siempre está trabajando sin descanso, pero la mayor parte del tiempo la dejamos funcionar en piloto automático, sin fijarnos realmente en lo que está pasando dentro de nuestra cabeza. A menudo actuamos por costumbre o por inercia, movidos por pensamientos que no hemos revisado bien. No podemos cambiar aquello que no conocemos, así que necesitamos observar nuestro pensamiento con mucha atención si queremos recuperar el control de la máquina pensante y empezar a tomar decisiones conscientes que nos conduzcan a los resultados que queremos.

Para tomar conciencia es necesario observar atentamente nuestro entorno, nuestro cuerpo y, especialmente, nuestra mente, que es donde se origina la realidad que creamos. Se trata de establecer el hábito de la observación continua hasta que se convierta en algo automático.

Antes del minimalismo, mi vida era una sucesión de acontecimientos aleatorios con los que tenía que lidiar. Era como navegar a la deriva en plena tormenta, siempre esperando el próximo golpe, y ya no tenía fuerzas para seguir luchando contra las inclemencias y mantenerme a flote. Cuando navegamos así por la vida, sin conciencia, se nos escapa la relación entre lo que pensamos y los resultados que obtenemos, y entonces la vida nos parece una broma pesada de un destino caprichoso. Pero cuando empezamos a observar con atención y vemos la conexión, las cosas dejan de ocurrir por casualidad y podemos elegir conscientemente los resultados que queremos. Cogemos el timón y recuperamos el control de nuestra vida. Literalmente, empezamos a crear la vida que deseamos.

Al menos tres veces al día, tómate un minuto de pausa para observar los pensamientos que te pasan por la cabeza y las emociones que estos te generan.

Simplemente sé consciente de ti mismo y reflexiona: este pensamiento me ayuda / este pensamiento no me sirve. No tienes que hacer nada. Una vez seas consciente de todo esto, tu atención tenderá, de forma natural, a desviarse de los pensamientos inútiles y a enfocarse en aquellos pensamientos valiosos que te acercan a tus objetivos.

No te agobies, no tienes que revisar cada uno de los millones de pensamientos que hay en tu subconsciente, solo los que te pasan por la mente en el momento de hacer este ejercicio. Con el tiempo, se volverá un hábito automático y serás capaz de identificar rápidamente los pensamientos que no te resultan útiles.

Unos pocos segundos de atención son muy poderosos, pero para crear el hábito hay que hacer el ejercicio de manera frecuente y constante. Puedes programar una alarma varias veces al día que te recuerde tomarte un minuto para hacer el ejercicio.

Nuestra capacidad de concentración es limitada. De hecho, está demostrado que el *multitasking* es una ilusión, que nuestro cerebro no es capaz de pensar en dos cosas al mismo tiempo. ¡Inteta hacer la prueba! Por lo tanto, cuanto más nos centremos en lo importante, menos oportunidades le daremos a nuestra mente para perderse en pensamientos inútiles que pueden dispersar nuestra energía y distraernos de nuestros objetivos.

La mente es muy poderosa cuando concentra sus esfuerzos en una sola cosa. Si me centro en el área de mi vida que más atención necesita, en la tarea más decisiva de un proyecto, en el hábito que marcará la diferencia o en el pensamiento que más me motiva, mis resultados serán, sin duda, excelentes.

¿Y si no tengo claro qué es lo importante o cuáles son mis prioridades? Pues con más razón necesitas enfocar tu energía en cualquier cosa que te haga sentir bien sin necesidad de darle más vueltas. A medida que acostumbramos a nuestra mente a estar concentrada en poquitas cosas y empezamos a obtener buenos resultados, nos resulta más fácil discernir lo importante y encontrar nuestro camino.

Yo, que soy la persona más dispersa del mundo y quiero estar en todas partes a la vez, he aprendido que no hace falta esperar a tener clara «la respuesta correcta» para poner foco mental. En realidad, funciona al revés: cuanto más centrada estoy en algo, en lo que sea, más claridad adquiero. Se trata de crear el estado mental adecuado que me llevará siempre a buenos resultados, haga lo que haga.

Porque, al final, lo que hacemos o las decisiones concretas que tomamos es lo de menos cuando los resultados son satisfactorios. ¿Es más importante centrarme en ponerme en forma o en hacer un curso de fotografía? Da igual, siempre que el resultado sea positivo, y lo será si pongo el foco en una sola cosa a la vez.

A nivel material, reducimos la cantidad de cosas que tenemos para que resulte fácil manejarlas y mantenerlas en orden. En el plano mental también necesitamos simplificar nuestros pensamientos para hacerlos más manejables y dejar de sentirnos sobrepasados, pero, en este caso, no podemos simplemente reducir la cantidad.

La manera de simplificar nuestro pensamiento es hacerlo concreto. A todos nos pasa que nos enredamos en conceptos generales y abstractos del tipo «tengo una mala sensación; necesito encontrar el sentido de mi vida; nunca tengo tiempo, todos me tratan mal...» que no tienen un significado real que podamos entender; por lo tanto, son inútiles y solo nos conducen a un callejón sin salida. En cambio, cuanto más concreto y simple es un pensamiento, más útil nos resulta, pues los pensamientos concretos llevan a acciones concretas, y las acciones concretas conducen a resultados concretos. Cuando descubras conceptos abstractos en tu mente, transfórmalos. Elabora conscientemente pensamientos específicos y objetivos, remitiéndote a situaciones reales de tu vida, a ser posible. Por ejemplo, «todo me sale mal» es un pensamiento abstracto que en realidad no significa nada. Si lo transformo en un pensamiento específico y objetivo como «he suspendido el examen y se me ha inundado el baño», ahora sí que lo entiendo, y esto me llevará a acciones concretas, como dedicar el fin de semana a estudiar o llamar al fontanero.

Este truco también es muy útil a la hora de comunicarnos eficientemente con otras personas. Si tu pensamiento es simple y concreto, tu forma de expresarte también lo es, y tu capacidad de comunicación pasa a un nivel superior.

Una pista: presta atención a los «nunca», «siempre», «todo», «nada», «todos», «nadie». Cuando utilizamos estas palabras, no estamos siendo suficientemente específicos.

PENSAMIENTOS NEGATIVOS

Es cierto, hay pensamientos que no hay forma de sacárnoslos de la cabeza, que nos fastidian el sueño, nos amargan la existencia y aceleran la aparición de arrugas en el rostro, y por mucho que uno sea consciente de que no le sirven, vuelven una y otra vez.

Si hubiera un premio al pensamiento más rumiado de la historia, seguro que me lo darían a mí. Después de pasar media vida anestesiándome el cerebro a base de series para no escuchar las voces de mi cabeza, llegué a la conclusión de que no se puede eliminar un pensamiento a voluntad. Sin embargo, sí que tenemos la capacidad de generar a voluntad nuevos pensamientos útiles, y ahí reside nuestro poder.

Intentar eliminar los pensamientos negativos es energía malgastada, porque después de un pensamiento negativo vendrá el siguiente, tarde o temprano. Es como soplar para despejar las nubes y poder ver el sol. En vez de eso, es mucho más útil concentrar nuestra atención en los pensamientos constructivos que elijamos conscientemente. Como no podemos pensar en más de una cosa a la vez, cuanto más tiempo y energía invirtamos en pensamientos útiles, menos nos quedará para los negativos. Podemos parar de luchar y dejar tranquilos los pensamientos negativos, sin reprimirlos. Es importante escucharlos, ser consciente de que están ahí y de que no te sirven. Y si duele, observa con curiosidad el dolor y recuerda que el dolor no mata. Cuanto menos te resistas, antes pasará.

Visualiza una persona totalmente feliz y realizada a la que admires, la persona que te gustaría ser. Puedes inspirarte en una persona real, que conozcas, o inventártela. O visualizarte a ti mismo como esa persona ideal.

Imagina que te metes en su cabeza y escuchas sus pensamientos. ¿Qué cosas piensa? ¿Qué tipo de pensamientos y actitudes le han llevado a tener esta vida ideal? ¿Qué tipo de pensamientos no tienen lugar en su mente?

Apunta lo que vayas descubriendo y añade ejemplos concretos de pensamientos o creencias que te gusten especialmente.

En mi proceso de limpieza, empecé identificando las cosas más valiosas que sin duda alguna debían quedarse, como mis instrumentos musicales o mi exprimidor. Pues bien, ¿por qué no hacer lo mismo con mi mente? Creo que los pensamientos más elevados y valiosos son los que expresan gratitud, y estos son los que trato de generar y amplificar.

Dar gracias no es otra cosa que tomar conciencia de las cosas maravillosas que ocurren en nuestra vida. Cuando expreso gratitud, enfoco mi atención conscientemente en las cosas que me hacen feliz y, como aquello en lo que pongo el foco se expande, la consecuencia es que cada vez me siento más agradecida por más cosas.

Para sentir gratitud no es necesario reprimir los pensamientos negativos. Siempre habrá temas dolorosos en nuestra vida, pero todos, absolutamente todos, tenemos cosas por las que sentirnos agradecidos. Podemos reconocer el valor de las cosas que tenemos, las oportunidades que se nos presentan, la belleza de lo que vemos a nuestro alrededor, las personas que apreciamos... Incluso podemos sentirnos agradecidos por los aprendizajes que traen las experiencias difíciles. Si cultivamos la costumbre de centrarnos en esas cosas, poco a poco irá cambiando nuestra percepción, y con ella nuestra actitud, nuestras acciones y nuestros resultados. A medida que mejoran nuestros resultados nos sentimos más agradecidos, y así es como la gratitud va llenando toda nuestra vida.

En mi casa encontré también cosas como electrodomésticos estropeados o periódicos viejos que, sin lugar a dudas, podían ir directamente a la basura. Traducido al ámbito mental, el tipo de pensamiento más inútil es la queja.

La queja es una expresión de disconformidad cuando algo o alguien no cumple con nuestras expectativas y sentimos que las cosas no son como deberían ser. A veces lo expresamos en voz alta y a veces solo lo pensamos, pero tiene el mismo efecto. Al quejarnos, asumimos que no tenemos ningún tipo de control sobre el asunto y automáticamente nos ponemos en el papel de víctimas, quedando a merced del destino o la suerte.

El minimalismo mental me hizo ver cómo la queja me estaba chupando la energía. Inconscientemente, culpaba a los demás y a la vida de mi sufrimiento, y la situación no hacía más que empeorar a medida que caía en la autocompasión. No podría cambiar las cosas hasta que no asumiera mi responsabilidad y empezara a trabajar activamente en construirme la vida que deseaba. En cualquier situación dada, hay una parte que no puedo controlar y otra parte sobre la que sí puedo decidir y actuar. Esta es mi zona de influencia. Asumir mi responsabilidad significa emprender acciones concretas en mi zona de influencia para mejorar lo que está en mi mano.

Renunciar a la queja no significa conformarse ni dejar que nos pisoteen como un felpudo. Es perfectamente posible preguntar, pedir algo, comunicar nuestros límites, etc., todo ello sin quejarse. No necesito quejarme para cambiar aquello que está en mi zona de influencia, y tampoco tiene sentido quejarme de lo que no puedo cam-

Asumir mi
responsabilidad
significa
emprender
acciones concretas
en mi zona de
influencia para
mejorar lo que
está en mi mano

biar. Lo que otras personas hacen o piensan está definitivamente fuera de mi zona de influencia. Puedo explicar mi necesidad y pedir colaboración, pero pretender controlar el comportamiento de otros solo me creará frustración.

Dejar de quejarnos no es empresa fácil, es una tarea de limpieza mental diaria que nunca se termina. Entre otras cosas, porque la queja es increíblemente contagiosa, y lamentablemente vivimos en una sociedad en la que es casi imposible mantener una conversación sin que alguien empiece a quejarse o criticar a otros.

Tres claves para dejar de quejarte:

1. Observa los pensamientos de queja. El simple hábito de prestar atención hará que seas capaz de reconocer los pensamientos de queja cada vez más rápido, y con el tiempo podrás neutralizarlos antes de que se formen o salgan de tu boca.

2. Cambia queja por gratitud. Cada vez que te descubras quejándote, desvía tu atención hacia algo por lo que te sientas agradecido. Nota cómo cambia tu energía y tu estado de ánimo.

3. Renuncia a participar en conversaciones de queja. Cuando te veas quejándote con otras personas, interrumpe lo que estés diciendo y cambia de tema. Si los demás continúan, guarda silencio y mantente al margen, o explica abiertamente que prefieres no quejarte. También tienes la opción de marcharte discretamente, siempre que te sea posible, cuando la queja domine la conversación.

Mentiría si dijera que ya nunca me quejo, pero la sola decisión consciente de reducir la queja ha supuesto un enorme cambio. Soy capaz de explicar mis dificultades y pedir colaboración sin enredarme en lamentos y críticas. Esto ha transformado mi forma de relacionarme con los demás. Todas las personas que van llegando a mi vida parecen mucho más positivas y amables, y en mis reuniones de amigos es raro escuchar una queja. ¿Dónde estaba toda esta gente maravillosa cuando yo me hundía en la depresión? Pues resulta que la gente feliz suele huir de los quejicas, así que probablemente estaban corriendo lejos de mis lamentos.

He dejado de percibir mi vida como una sucesión de problemas. Si en vez de quejarme y preocuparme, analizo la situación, identifico mi zona de influencia y emprendo acciones concretas, dejan de ser un problema y se convierten en una lista de tareas.

Observa qué parte del problema está en tu zona de influencia.

Escribe acciones concretas que puedan mejorar la situación, aunque sean solo pequeños pasitos. No dudes en buscar información o pedir ayuda.

3. Subdivide estas acciones en tareas lo más pequeñas posible, para que te resulte fácil llevarlas a cabo.

4. Anota las tareas en tu agenda para asegurarte de que las irás resolviendo.

5. Cuando encuentres un problema que no tiene solución o que no dependa de ti, tu tarea será hacer un trabajo personal de observación y aprendizaje, de sanar emociones, de empatía, perdón, paciencia, etc.

Al final, todo pasa por la observación. Sé que puede parecer imposible crear el hábito de observar tu mente cuando vives sumido en una vorágine de trabajo, preocupaciones, consumismo, ruido, prisa, estrés... Por suerte, disponemos de un aliado de lujo que nos proporciona el espacio necesario para escucharnos pensar: el silencio.

EL SILENCIO

Durante mis años de depresión me angustiaba tanto el silencio que no podía caminar por la calle sin auriculares ni estar en casa sin YouTube de fondo, pero mi fiebre minimalista me animó a enfrentarme al vacío y a mi conflicto interno. Empecé poquito a poco a introducir momentos de silencio en mis rutinas diarias. Primero un minuto, después cinco, hasta que fui capaz de pasar horas sola y en silencio sin angustiarme. La verdad, no me resultó fácil y sigue siendo uno de mis mayores retos en la actualidad, pero me asombra lo sanadores que pueden llegar a ser esos ratos diarios de silencio.

Cualquier momento es bueno, pero es especialmente provechoso guardar silencio por las mañanas al levantarse, cuando el subconsciente está más abierto y tenemos mejor acceso a nuestra creatividad. No es necesario hacer nada en particular, podemos simplemente estar, o tomarnos un té mientras miramos por la ventana. A mí me encanta sentarme delante de una libreta a escribir mis pensamientos tal como los voy escuchando en mi cabeza, así empiezo el día con la mente clara y bien consciente de lo que quiero. Las mejores ideas se me ocurren mientras hago este ejercicio.

9.
Amar mi cuerpo

Hago un esfuerzo por poner los pies en el suelo
mientras mi despertador lanza unos pitidos furibundos.
Me va a estallar la cabeza y siento como si me
hubieran pegado tres puñetazos en el estómago.
Aún no ha empezado el día y ya estoy agotada,
mi cuerpo se rebela contra mí. Salgo de la ducha
oliendo a cinco productos diferentes y me siento
con desgana en mi mesa de maquillaje para
tratar de hacer un milagro con mi cara, pero
hoy no tiene solución. «Das asco», me digo en
voz alta mientras echo un último vistazo al espejo
antes de salir de casa.

hí estaba yo, una mujer joven en la flor de la vida, con una talla 34 y unos dientes perfectos, y completamente acomplejada de su cuerpo. Solo veía mi acné, mis orejas demasiado grandes, mis piernas de cigüeña y un largo etcétera. Mis amigas envidiaban mi figura delgada mientras yo las envidiaba a ellas porque para ellas era fácil bajar un par de kilos, pero lo mío no tenía solución. Así que utilizaba ropa, complementos y toneladas de cosméticos para intentar disimularlo todo.

Los que odiamos nuestro cuerpo creemos que nuestra imagen es la causa de nuestra falta de autoestima, y que si logramos cambiarla seremos felices, pero la autoestima no es el resultado de ciertas condiciones ideales. La autoestima es nuestro estado natural cuando dejamos de exigirnos ser otra cosa diferente de lo que somos, aquí y ahora. Es desgarrador vivir con la eterna sensación de que no somos como deberíamos ser, que somos defectuosos. Todos aspiramos a superarnos cada día, pero hay una gran diferencia entre querer mejorar y castigarnos por lo que somos en este momento, exigiéndonos con violencia ser de otra forma. Yo era consciente de lo absurdo de basar mi autoestima en factores como el aspecto de mi pelo, pero por mucho que lo entendiera a nivel teórico, seguía sintiéndome poco atractiva y muy insegura.

Haciendo limpieza en casa se me removieron muchas cosas por dentro y sentí la necesidad urgente de dejar el hábito de maquillarme a diario. En aquel momento, salir a la calle sin maquillaje me parecía más bochornoso que salir con el culo al aire. Añoraba aquel tiempo en que me duchaba, me vestía con cualquier cosa y me iba de casa tan contenta, con la cara lavada y el pelo mojado. Ya no soportaba perder hora y media cada mañana para arreglarme, así que un día me levanté y me fui al trabajo sin maquillar. Me veía horrible, pero, francamente, no me sentía mucho mejor con maquillaje, así que podía ahorrarme la molestia. Al cabo de unos días, empecé a relajarme al descubrir que no pasaba nada. Tantos años escondiéndome detrás de una careta... ¿para qué? Decidí que ya no me interesaba causar buena impresión a personas que solamente me valoraban por mi aspecto físico.

En realidad, el maquillaje no tiene nada de malo cuando lo usamos para celebrar nuestra belleza natural o como una expresión artística. Pero es triste cuando nos obligamos a utilizarlo porque nos sentimos inadecuados con los rasgos que la naturaleza nos ha dado. Aún me divierte maquillarme un poquito ocasionalmente, pero nada me gusta más que ir con la cara limpia. Al contrario de lo que se podría pensar, no dejé de maquillarme porque recuperase mi autoestima, sino que sané mi autoestima cuando dejé de esconder mi cara.

Mi cuarto de baño estaba repleto de productos medio usados. Había probado de todo en mi obsesión por verme mejor, desde remedios caseros hasta cremas muy caras. Cuantos más productos utilizaba, más se me estropeaban la piel y el cabello y más cuidados necesitaban, y así entré en un círculo vicioso. Dejando al margen mi salud, me desbordaba el caos que había en mi cuarto de baño y, además, sentía cargo de conciencia por el medio ambiente, así que dije adiós para siempre a mi muestrario de potingues.

Mi piel se reguló naturalmente cuando dejé de usar cremas y empecé a utilizar aceites naturales. También reduje el cuidado de mi cabello a un simple champú orgánico. La publicidad nos insta a utilizar muchísimos más productos de los que son necesarios para una buena higiene. Redescubrí las ventajas de una rutina de cuidado personal mucho más simple, que ahorra tiempo y dinero, y es mejor para la salud y para el medio ambiente. En realidad, los productos imprescindibles para una correcta higiene se pueden contar con los dedos de una mano.

Mis básicos para la higiene diaria:

- Champú
- Pastilla de jabón
- Pasta de dientes
- Desodorante
- Aceite de oliva, coco o argán para hidratar la piel (que también sirve como desmaquillante)

Si bien no hay nada malo en disfrutar de algunos productos extra, es liberador descubrir que, en el fondo, no son necesarios.

CUERPO SANO

(Antes de seguir adelante con este apartado, quiero aclarar que no tengo conocimientos de medicina. Escribo únicamente desde mi experiencia personal y es importante que consultes siempre con tu médico cualquier duda que tengas.)

Aunque empezaba a hacer las paces con mi imagen, seguía en conflicto con mi cuerpo, y es que me sentía débil y enferma. Me preocupaba mi salud y me culpabilizaba por no ser capaz de mantenerme en forma. A los veintidós años había tenido un susto que me llevó a buscar respuestas en las terapias holísticas, pero cuanto más aprendía, mayor era mi frustración, porque no conseguía poner en práctica todos los hábitos que se supone que hay que seguir para estar sano. ¡Era una locura! Dietas supercomplejas, deporte diario, la misión imposible de eliminar los agentes tóxicos, cientos de ejercicios, y lo peor de todo, tener que renunciar a un montón de placeres «irrenunciables». No estaba dispuesta a lidiar con tantas obligaciones y sacrificios el resto de mi vida, pero limitarme a mitigar mis síntomas con medicinas alopáticas tampoco era una opción válida para mí.

«¡Estar sano no tendría que ser tan complicado!», me dije intuyendo que la fórmula del minimalismo también podría ayudarme, en este caso, a recuperar el control de mi salud. Y empecé por el primer paso: observar. El cuerpo nos da información muy valiosa a través de las enfermedades, pero no podemos entender lo que nos dice hasta que no prestamos atención a los síntomas y cobramos conciencia. La observación nos lleva al segundo paso, que es poner el foco en los puntos que vamos identificando como más importantes. Pero ¿qué es lo importante en cuestión de salud?

Tras años de observación de mi cuerpo, concluyo que hay cuatro pilares principales:

Alimentación

Movimiento

Sueño

Respiración

Hay infinitas formas de mejorar nuestra salud, pero creo que ningún método o terapia será efectivo si falla uno de estos cuatro fundamentos. El problema es que cada una de estas áreas es un mundo en sí mismo y fácilmente nos encontramos con un exceso de información que a menudo se contradice y nos desconcierta todavía más. Por eso yo procuro aplicar el tercer paso de la fórmula minimalista: simplificar y concretar cada uno de estos cuatro pilares.

Alimentación

Aunque nunca he tenido problemas de sobrepeso, me he pasado muchos años buscando la dieta perfecta en mi intento de recuperar la salud. Por temporadas, me obsesionaba probando dietas más o menos estrictas, y cuando me sentía muy deprimida, simplemente dejaba de comer. Luego, en las épocas de mayor estrés, lo mandaba todo a la porra y me pegaba unos tremendos atracones de comida basura. Más adelante entendí que sufría de «hambre emocional», que es cuando inconscientemente intentas aliviar con la comida los conflictos emocionales que no sabes gestionar.

Cuanto más leía sobre nutrición más crecía mi desconcierto, hasta el punto de sentir que todo lo que ingería me estaba envenenando. Por otro lado, me costaba demasiado esfuerzo ponerme a cocinar, sencillamente no tenía el tiempo ni la energía, así que recurría con frecuencia a platos precocinados o comida para llevar. Y era una pescadilla que se mordía la cola porque, cuanto peor me alimentaba, menos energía y motivación tenía, y, por consiguiente, menos ganas de cocinar.

Y esto no solo afectaba a mi salud física, sino que encima me creaba estrés y me hacía sentir muy culpable.

No es razonable tener que aprender tantas normas complicadas para llevar una dieta equilibrada. Entonces decidí concentrarme en aquello en lo que todas las teorías nutricionales están de acuerdo: menos procesados y más vegetales. Esta regla tan simple basta para mejorar notablemente la alimentación de cualquier persona.

Los alimentos procesados son los que han sido transformados, en mayor o menor medida, con procedimientos industriales. Eliminarlos por completo de nuestra dieta es casi misión imposible para los que vivimos inmersos en el ritmo de la vida moderna en la ciudad, pero sí que podemos reducir bastante nuestro consumo sin mucho esfuerzo, y esto ya es una gran mejora. Dentro de los procesados, podemos elegir los menos artificiales y, como norma general, los que contengan menos ingredientes. Es especialmente recomendable evitar los azúcares y las harinas blancas.

Y entonces, ¡¿qué cómo?! Cuantos más vegetales contenga tu dieta, mejor. Esto incluye todas las variedades de verduras, hortalizas y frutas, pero también cereales integrales, legumbres, frutos secos, semillas, algas, hierbas y especias. Si todavía crees que una dieta basada en vegetales es aburrida, te animo a pensarlo de nuevo.

No quiero debatir aquí la ética o la necesidad de consumir productos animales, pues sería tema para un libro entero. En cualquier caso, si decidimos comerlos es responsabilidad nuestra optar por un consumo moderado y consciente, eligiendo opciones éticas y de calidad, no solamente por nuestra salud, sino por el bienestar de los animales y de nuestro planeta. Yo no como carne desde el 2014, pero no me gusta ponerme etiquetas. Cuando siento que mi cuerpo lo necesita, tomo huevos y lácteos y, en ocasiones especiales, pescado.

Dije adiós para siempre a las dietas y a las prohibiciones que, claramente, no funcionan y solo crean frustración y culpa. ¿Eso significa que ahora me alimento de porquerías? ¡Claro que no! La clave está en dejar de obsesionarse con lo que no se debe comer y centrarse, en cambio, en los alimentos nutritivos que sientan bien. Cuantas más cosas buenas metas en tu estómago, menos espacio habrá para antojos poco saludables.

Siempre que te entre un antojo, bebe agua y come algo nutritivo. Si después sigues deseándolo, puedes permitirte el antojo, pero la mayoría de las veces ya no te apetecerá o comerás una cantidad más pequeña.

No te lo prohíbas, pero déjalo para más tarde o para otro día. A base de posponerlos, reducirás notablemente la cantidad de antojos.

Sal a dar un paseo o haz algo de ejercicio. El aire fresco y el movimiento te hacen sentir mejor físicamente y te despejan la mente de las emociones que te llevan a comer.

Muchas veces los antojos tienen su origen en ciertas emociones incómodas. Presta atención a ellas, no las evites. Trata de descubrir qué emociones concretas estás experimentando y por qué.

Cuando te permitas un antojo, ¡disfrútalo! Mucho peor que las consecuencias que pueda tener para tu salud es el daño psicológico de sentir culpa y vergüenza. Además, la prohibición intensifica los antojos.

Una dieta equilibrada requiere pasar tiempo en la cocina. Debemos asegurarnos de que cocinar nos resulta fácil y agradable, porque de otra forma acabaremos sin remedio acudiendo a opciones menos saludables. Una cocina minimalista con pocos cacharros y de la mejor calidad te animará a cocinar y será más fácil mantenerla siempre limpia.

En la generación de mis abuelos, cada miembro de la familia tenía su propio juego de cubertería y utilizaban siempre el mismo.

Prueba a elegir un juego de vajilla y cubertería que te encante y que solo utilices tú, para todas las comidas.

Te ahorrará muchísimo trabajo y te dará placer comer cada día en tu plato favorito.

El cuerpo humano es una máquina perfecta diseñada para moverse, pero, así como un Mercedes aparcado durante años en un garaje se oxida, se le descarga la batería y se le desinflan los neumáticos, también nuestro cuerpo se estropea cuando lo obligamos a estar sentado durante años delante de un ordenador, por ejemplo. Necesitamos movimiento para el óptimo funcionamiento de los órganos, la circulación, el sistema linfático, los músculos, etc. Sin embargo, muchos estamos siempre tan ocupados y cansados al final del día que nos cuesta un verdadero esfuerzo levantar el trasero del sofá para hacer algo de ejercicio.

Yo jamás he pisado un gimnasio ni he sido capaz de mantener una rutina deportiva. Aunque me encanta subir montañas y disfruto montando en bicicleta o practicando acroyoga, tengo la sensación de que siempre hay algo más urgente que hacer. Aplicando el minimalismo, concluí que lo realmente importante era mover mi cuerpo con regularidad y que la forma de hacerlo era lo de menos. La idea de «hacer deporte» me generaba rechazo, así que empecé a pensar en «mover mi cuerpo», que es mucho más simple ya que no implica una práctica deportiva en concreto, ni técnicas, ni horarios, ni exigencias.

Hay infinitas formas de mover el cuerpo que no son hacer deporte en sí. Es más, muchas de nuestras rutinas diarias implican movimiento: pasar el aspirador, subir las escaleras, arreglar el jardín, cargar las bolsas de la compra, tender la ropa, ir caminando al trabajo, jugar con los niños... Podemos incluir conscientemente más movimiento en nuestras tareas cotidianas y disfrutarlo en vez de sentir fastidio o hacerlas sin prestar atención a nuestro cuerpo.

Pero yo necesitaba, además, alguna práctica diaria que me resultara fácil y agradable. Y no hay un ejercicio más natural y simple que caminar, algo que casi todos hacemos ya diariamente y que, cuando se practica de forma consciente, puede tener efectos poderosos. Es tan simple que se puede hacer en cualquier sitio, en cualquier momento. No necesitas ninguna equipación especial, solamente un calzado cómodo. Puedes caminar solo o en compañía, escuchando música o en silencio, a modo de meditación. Puedes caminar rápido y hacer un ejercicio físico más intenso, o relajarte y disfrutar de un ritmo lento. Puedes ir a un sitio bonito a hacer senderismo todo el día o, si no tienes tiempo, simplemente salir a dar una vuelta a la manzana. Cada paso suma y es mejor que no moverse del sofá.

Disfruto mucho haciendo marcha nórdica por mi barrio o paseando por el bosque. Es un ejercicio que siempre me apetece realizar y no solo me sienta genial físicamente sino que me despeja la mente y hace que vuelva a casa más contenta y motivada.

Yo era de las que decía que la vida es demasiado corta para dormir. Siempre había alguna actividad que me parecía más importante y más divertida que irme a la cama. Durante mi época de estudiante me convertí en una trasnochadora habitual, y más tarde, los horarios de músico profesional tampoco me ayudaron. Me gustaban las horas de la madrugada y siempre me he sentido muy noctámbula, pero lo cierto es que me despertaba tarde y cansada, con la sensación de haber perdido el día. Mi horario de sueño empeoraba en épocas emocionalmente difíciles. Me producía ansiedad irme a la cama y enfrentarme a las voces de mi cabeza, así que me distraía mirando tonterías en internet hasta que caía agotada en el sofá, a menudo cuando ya clareaba. Vivía en un estado de fatiga crónica, sin darme cuenta de que sufría falta de sueño.

El buen descanso se ha convertido en una de mis prioridades desde que conocí el minimalismo. Durante el sueño se activan los mecanismos de reparación de nuestro cuerpo. Los adultos necesitamos entre siete y ocho horas de sueño para mantenernos en forma y para que nuestro cerebro funcione de una manera óptima. Aunque es posible

Mis días parecen
mucho más
largos cuando
duermo ocho
horas y me
levanto
descansada

sobrevivir durmiendo mucho menos, nuestra salud y nuestro rendimiento se verán perjudicados tarde o temprano.

Todos hemos intentado alguna vez robarle horas a la noche para tener días más largos, pero de nada sirve alargar la jornada un par de horas si estamos todo el día funcionando a medio gas. Lo tengo comprobado: mis días parecen mucho más largos cuando duermo ocho horas y me levanto descansada. Tengo mayor capacidad de concentración, trabajo más rápido y con mejores resultados, me siento llena de energía, y mi estado de ánimo es mucho más positivo.

Claves para dormir bien:

• Prepararse para el descanso. Un rato antes de acostarte, ve preparando tu cuerpo y tu mente para dormir. Reduce ruidos y baja las luces para irte relajando y cerrando el día poco a poco. También puedes hacer una pequeña meditación o cualquier ejercicio que te ayude a relajarte.

• Desconectarse. Apaga el teléfono móvil y déjalo fuera de la habitación. Apaga también cualquier otro aparato, desenchufa los cargadores y el wifi para reducir la contaminación electromagnética. Y te animo de corazón a sacar el televisor de tu dormitorio, si lo tienes.

• Dormitorio minimalista. Aunque creas que mientras duermes no lo ves, el desorden afecta a tu descanso. Procura tener lo mínimo imprescindible en tu dormitorio para que te resulte relajante a la vista. No guardes cosas debajo de la cama, notarás la diferencia. Utiliza colores suaves y luces cálidas, evita la decoración excesiva y ventila con frecuencia.

Dentro de lo que tu horario de trabajo te permita, procura ajustar tus horas de sueño según el sol, y no según la hora. Tu horario variará de forma natural con las estaciones. El mejor momento para levantarse es antes de que salga el sol, como los pajaritos. Calcula unas ocho horas antes del amanecer para saber a qué hora necesitas acostarte. Este hábito te conecta con los ciclos naturales y te ayuda a descansar mejor y levantarte con energía. Además, madrugar te permite aprovechar las primeras horas del día, que son las más productivas y creativas.

Todos sabemos respirar, pero pocos lo hacemos de forma consciente, y dado que estamos tan desconectados de nuestro cuerpo, muchos respiramos mal y sufrimos falta de oxígeno. Podemos pasar días sin comer, horas sin beber, pero tan solo unos minutos sin respirar. Si no respiras, te mueres. Respirar correctamente es la forma más rápida y efectiva de llenar el cuerpo de vitalidad y reforzar las defensas naturales. Basta con hacer unos ejercicios de respiración profunda un par de veces al día para notar cambios en el funcionamiento de tu cuerpo.

Hay montones de ejercicios y técnicas de respiración para todos los gustos. A mí me parecen muy interesantes los métodos Wim Hof e Inner Dance Breathwork, con ellos he tenido intensas experiencias. Pero en el día a día me gusta ponérmelo fácil, así que normalmente no sigo ninguna técnica en concreto, sino que sencillamente hago unas respiraciones profundas cada vez que me acuerdo, a lo largo del día, y especialmente cuando me voy a dormir y cuando salgo a caminar. En los momentos que me encuentro mal o me duele algo, también siento que me ayuda tumbarme en el suelo y respirar profundamente durante unos minutos. Con la práctica, se convierte en un hábito natural y automático.

Ejercicio simple de respiración

Este ejercicio me resulta muy efectivo para reducir el estrés y representa una ayuda rápida en momentos de cansancio o malestar físico general.

- Túmbate en el suelo o siéntate en una posición cómoda, con los dos pies en el suelo. Observa tu cuerpo unos instantes y relaja los músculos.

- Pon una mano en el abdomen y la otra en el pecho para sentir mejor tu respiración.

- Inhala por la nariz durante cuatro segundos, llevando el aire hacia la parte baja del abdomen y llenando los pulmones.

- Sostén la respiración durante cuatro segundos.

- Suelta el aire por la boca lentamente, durante cuatro segundos, vaciando los pulmones.

- Sostén la respiración durante cuatro segundos.

- Repite el ciclo durante unos minutos, sin forzar la respiración, encontrando tu propio ritmo.

Soy consciente de que hay muchísimos más factores que afectan la salud y, obviamente, estas propuestas no son la solución mágica a todos los males. Pero sí pienso que centrarse en estos cuatro pilares es una buena forma de asentar una base sólida para el bienestar de cualquiera sin mucho esfuerzo ni complicación. A medida que vamos integrando estos hábitos, podemos seguir profundizando para tener un control cada vez mayor de nuestro cuerpo.

10.
Pasión y profesión

Hago clic en el botón de enviar y casi puedo ver mi e-mail volar hacia su destinatario. Ya está, acabo de renunciar a mi puesto de trabajo. Después de una vida entera dedicada a la música, cierro esta etapa con un insignificante clic del ratón. Nada ha cambiado y, a la vez, todo es diferente. Sigo siendo violinista, pero estoy en el camino de convertirme en otra cosa, aún no sé en qué. Solo sé que no quiero pasar un solo día más de mi existencia haciendo algo que no me apasiona. Miro con ilusión y cierto temor hacia un futuro lleno de incertidumbre, preguntándome qué aventuras me esperan detrás de la niebla.

o recuerdo mi vida antes del violín. Empecé a tocar a los cinco años y me dediqué en cuerpo y alma a la música hasta los treinta. Estudié en las mejores escuelas, conseguí abrirme un hueco en prestigiosas orquestas, trabajé con los músicos más renombrados y pisé los escenarios más famosos del mundo. Tenía una carrera exitosa, un trabajo apasionante, un sueldo fijo y la vida resuelta. Pero no era feliz. Mientras muchos envidiaban mi posición y mi éxito, yo me ahogaba de estrés emocional, me sentía mediocre, sobrepasada por la presión y cada día más deprimida. Fuera del trabajo, mi vida personal era un desastre y nada me proporcionaba verdadera alegría. No tenía la motivación que veía en otros músicos y no me podía imaginar seguir haciendo lo mismo treinta años más.

Estas circunstancias se juntaron con una especie de voz interior, cada vez más insistente, que me llamaba a cumplir mi misión y a aportar algo valioso al mundo. No podía dejar de fantasear sobre cómo habría sido mi vida si hubiera elegido otra carrera, y este pensamiento se volvió realmente molesto al cumplir los treinta. Aún no sabía cuál era esa misión, pero estaba claro que no iba a descubrirlo mientras siguiera trabajando en la orquesta.

Cuando me planteaba dejar mi puesto me asaltaban múltiples temores. ¿Sería capaz de poner en marcha un negocio partiendo de cero conocimientos? ¿Y si no lo conseguía? ¿Podría soportar la incertidumbre? Sabía que si me iba sería imposible volver atrás. Me asustaba perder la reputación profesional que tanto me había costado ganar, y me dolía decepcionar a mi familia después de tantos sacrificios para apoyar mi carrera. Pero lo que más me aterrorizaba era la idea de dejar de ser violinista. ¿Quién es Adri sin un violín? ¡No tenía ni idea! Durante toda mi vida había utilizado mi carrera para intentar ganarme la admiración de la gente, y sin esa tarjeta de presentación, me sentía insignificante. Sin embargo, ¿de qué sirve impresionar a otros si yo misma no valoro lo que hago? En el fondo, la buena opinión que otros tienen de mí no me hace más feliz. Al contrario, cuando me siento feliz con lo que soy y lo que hago, la opinión del resto deja de afectarme.

Que conste que soy muy consciente de lo increíblemente afortunada que soy por haber tenido esas vivencias alucinantes y por haber alcanzado tantos logros. Amaba la música y me costó mucho llegar hasta donde había llegado, por eso fue la decisión más difícil de mi vida. La Adri violinista había tenido una vida espectacular, pero ya era hora de cerrar esa etapa y explorar nuevas facetas de mi persona.

Convertir tu pasión en tu fuente de ingresos y ser tu propio jefe es una idea ciertamente prometedora que contagia a muchos, y de la que yo tampoco me libré. Lo dejé todo para perseguir mi sueño y fue una gran decisión, pero mirándolo ahora con perspectiva, tengo que admitir que tenía un concepto poco realista de lo que significa vivir de tu pasión. Las redes sociales están llenas de mensajes del estilo «persigue tu sueño, la vida es demasiado corta para hacer algo que no te gusta», y son frases que nos tocan la fibra sensible y nos pueden inducir a creer que es nuestro trabajo lo que nos impide ser felices. Yo me imaginaba levantándome cada día para hacer algo que me encanta, disponiendo de mi tiempo con total libertad, sin tensiones entre compañeros, etc. Y me parecía el colmo de la dicha. Y es maravilloso, no lo voy a negar, pero está lejos de ser la solución a todos mis males.

Media humanidad está obsesionada intentando averiguar cuál es su pasión y la frustración crece a medida que proliferan los libros de autoayuda. Hay una extendida creencia de que estamos predestinados a dedicar nuestra vida a una «vocación especial» y que, cuando la descubramos, todo será coser y cantar. En mi opinión, no existe tal cosa. Para mí, la pasión no es algo que descubres, sino algo que desarrollas. Es como el amor: yo no creo en los cuentos de hadas en los que conoces a tu alma gemela y desde ese día todo es gozar. El enamoramiento viene y va, y hay muchas personas que te enamoran, pero una relación profunda de amor es el resultado de dedicarte cada día a esa persona que has elegido, atravesando alegrías y muchas dificultades. La pasión es el amor por un tema o actividad, y funciona de la misma forma.

A veces cuesta encontrar ese tema o actividad que realmente nos enamore. Yo misma estaba confusa, pero el minimalismo hizo que me diera cuenta de que mi concepto de pasión era demasiado abstracto. ¿A qué nos referimos exactamente cuando decimos «pasión»? Difícilmente podremos encontrarla si no tenemos una idea concreta de lo que estamos buscando.

Algo que has experimentado, no algo que imaginas que te hará feliz pero que en realidad no has probado nunca. Yo podría tener en mi cabeza una imagen idílica de la jardinería, pero hasta que no coja el azadón y las tijeras de podar, no podré saber si es como me lo imaginaba. Evita perder el tiempo soñando con cosas que no conoces y pruébalas cuanto antes para descubrir si realmente es lo que buscas.

Se te da bien, aunque no sea fácil. Creemos inconscientemente que cuando encontremos esa pasión todo encajará y será fácil, pero un proyecto importante supone siempre un gran reto. Cualquier habilidad requiere un aprendizaje y una práctica, también cuando se trata de lo que más te gusta en el mundo. Difícilmente nos puede apasionar algo para lo que no tenemos talento, pero ese talento hay que desarrollarlo, con paciencia y dedicación constante. Inevitablemente te encontrarás con dificultades, pero insiste y no tires la toalla. La recompensa es enorme.

La mayoría de las personas nos sentimos atraídas hacia diferentes temas y tenemos múltiples talentos. No tenemos una única pasión verdadera que tengamos que descubrir para alcanzar la felicidad. No hace falta obsesionarse con encontrar la respuesta correcta, pues cualquier cosa que nos dé satisfacción será acertada. Si no puedes hacer algo que te apasiona, por el motivo que sea (por enfermedad, falta de recursos, etc.), ¡no desesperes! Sin duda encontrarás otras cosas que te llenen y sí puedas realizar. Es una pena empeñarse justo en aquello que está fuera de tu alcance.

De manera similar, a veces confundimos nuestra pasión con una actividad concreta, y si no conseguimos realizarla, la descartamos por completo en vez de buscar otra forma de desarrollarla. Por ejemplo, si me apasiona la ópera, pero no tengo voz, podría dedicarme a diseñar escenografías, o a componer música.

No tiene por qué ser algo impresionante, no tienes que inventar la rueda ni salvar vidas. Puede ser cualquier cosa, como pasear por el bosque o hacer calceta en tus ratos libres. Cualquier cosa que te haga sentir feliz y sea beneficiosa para ti.

No tienes que hacerlo a tiempo completo. Puede ser algo que disfrutes en tu tiempo libre. ¡Y no tiene por qué apetecerte siempre! A mí no me apetece escribir en todo momento, pero sé que tarde o temprano volveré a hacerlo con entusiasmo. No descartes una pasión solo porque no te apetece dedicarla tiempo todos los días a todas horas.

Tanto si nos dedicamos profesionalmente a ello como si no, desarrollar una pasión es esencial para una existencia feliz. Es lo que nos hace sentir realizados y nos empuja a levantarnos llenos de energía cada mañana. Si llevas tiempo buscando tu pasión y aún no la has encontrado, deja de buscarla. Elige en cambio cualquier cosa que ya tengas en tu vida que te dé cierto placer y dedícale toda la atención, desarrolla tu talento para que se convierta en pasión. Siempre podrás cambiar de dirección más adelante si encuentras algo mejor, pero, de momento, ya tienes esa fuerza motivadora en tu día a día. Es el poner ilusión y energía en algo lo que da verdadera satisfacción: el qué no es tan importante.

MINIMALISMO PARA EL ÉXITO LABORAL

Yo culpaba a mi trabajo de muchos de mis problemas, y creía que tendría paz y orden en mi vida cuando pudiera dejarlo, pero resultó que era al revés. Para poder dejar mi trabajo primero necesitaba poner orden en mi casa y en mi cabeza. La imagen del emprendedor trabajando relajadamente en una playa, mojito en mano, es seductora, pero poco realista.

La verdad es que un emprendimiento suele requerir grandes cantidades de trabajo y es indispensable el orden y la paz mental para alcanzar el éxito sin morir en el intento. Yo no habría sido capaz de manejar la enorme cantidad de tareas que supone poner en marcha un negocio si no hubiera puesto minimalismo tanto en mi trabajo como en mi vida privada.

Despeja tu espacio físico de trabajo, deja solo lo que necesites.

Limpia y organiza la información de tu ordenador (o lo que tengas impreso en papel).

Utiliza un buen sistema de gestión de tareas.

Pon el foco en las tareas esenciales y elimina tareas inútiles.

Evita distracciones e interrupciones.

Céntrate en una sola tarea a la vez.

Ya sea para empezar un negocio propio o para mejorar tu trabajo actual, el minimalismo te facilita las tareas, reduce tu estrés, aumenta tu capacidad de concentración y tu productividad, y te ahorra muchísimo tiempo y quebraderos de cabeza. De esta forma podrás llevar tu profesión a otro nivel.

Aunque dejar tu trabajo para perseguir tu pasión es una opción muy interesante y tentadora, no es ni obligatorio ni necesariamente la mejor opción para todos. El entusiasmo que nos despierta una actividad laboral es solo uno de los muchos factores que influyen en nuestro nivel de satisfacción en un puesto de trabajo. El salario, la ubicación, los horarios, el ambiente laboral, las condiciones de contrato, etc., también son datos determinantes a la hora de elegir un puesto. No hay que menospreciar las ventajas de un empleo que, aunque no sea el que más te motiva, aporta la estabilidad económica y la tranquilidad que necesitas para poder disfrutar de tu pasión en tu tiempo libre.

Lo que está claro es que tu calidad de vida es notablemente mayor cuando disfrutas haciendo tu trabajo, y es algo que todos deseamos. La buena noticia es que no necesitas encontrar un propósito especial para conseguirlo, y tampoco es necesario dejar tu trabajo. Cualquier trabajo con unas condiciones decentes tiene el potencial de llenarnos de satisfacción si cultivamos verdadera pasión por lo que hacemos. Cuando pones toda tu energía en lo que sea que hagas, y lo das todo para superarte cada día, no solamente te sientes motivado, sino que probablemente te surgirán nuevas oportunidades para mejorar tu situación laboral. Disfrutar de tu trabajo no depende solo de tus circunstancias, sino principalmente de tu actitud, y recuerda que tu actitud se origina en tus pensamientos y que tú controlas lo que te dices a ti mismo.

Durante los últimos meses antes de dejar la orquesta, hice las paces con mi trabajo y llegué a divertirme más que nunca. Aprendí a centrarme en disfrutar de la música y no dejarme afectar tanto por los problemas, y encontré otras actividades que me hacían sentir realizada fuera del trabajo. Podría haberme quedado así toda la vida y habría sido feliz. De todas formas me marché, pero ya no por necesidad de huir, sino por la motivación de descubrir cosas nuevas.

Desde luego, es más fácil convertir tu trabajo en una pasión que tu pasión en un trabajo. Sin embargo, hay veces que te dedicas en cuerpo y alma a un tema que te fascina y pasito a pasito te vuelves un experto, se te van presentando oportunidades para generar ingresos y, finalmente, dejas tu antiguo trabajo cuando ya no encaja en la ecuación. Esta es la forma ideal de convertir tu pasión en ingresos, con trabajo duro, pero sin forzar la situación, sin necesidad de arriesgarlo todo. En cualquier caso, yo no veo el vivir de tu pasión como una meta, ni como una estrategia para librarte de un trabajo que odias, sino como el resultado de poner tu energía en algo que te motiva. Si sientes que tienes un propósito y quieres dejar tu trabajo para dedicarte a él... ¡Fantástico, adelante, claro que sí! Pero no olvides que también puedes ser feliz aquí y ahora, con tu actual trabajo.

Cuando damos el gran paso de dejar un puesto de trabajo para dedicarnos a un proyecto propio, debemos saber que nos enfrentamos a una gran incertidumbre y que lo más probable es que muchas cosas no salgan como habíamos planeado. Llamadme rara, pero yo creo que siempre hay que contar con que nos encontraremos con imprevistos y que nos fallarán los planes más de una vez y más de dos. Por eso es importante asegurarse de tener un buen paracaídas antes de dar el salto al vacío:

• Hacer cuentas. Hay que valorar muy bien la situación económica para no llevarse sustos. Calcula qué presupuesto mínimo mensual necesitas para vivir durante la fase de transición hasta que tu nuevo negocio arranque y funcione (podrían ser varios años). Reserva un buen colchón de ahorros que te pueda sacar de una emergencia. Calcula cuánto tiempo podrías vivir de tus ahorros en caso de que no ingresases nada durante una temporada. Piensa en todas las formas posibles de reducir gastos al máximo en caso de necesidad. Hacer cuentas da miedo, pero necesitas tener todos estos datos muy claros antes de lanzarte al vacío.

• Recursos. Haz una lista de aquellos conocimientos y habilidades que posees y que podrías convertir en fuente de ingresos en un momento dado para tener un plan B, por si lo que tenías pensado no funciona. Cerrarte a una única idea te somete a demasiada presión. Ten en cuenta tanto lo que has estudiado como todas tus capacidades intelectuales y físicas, y las cosas nuevas que estarías dispuesto a aprender.

• Red de contactos. Ármate con una buena lista de contactos que puedan ayudarte, tanto para orientarte en tu proyecto como para ofrecerte techo o ayuda de cualquier tipo que puedas necesitar temporalmente si la cosa se pone difícil.

• Recopilar información. Sea cual sea tu proyecto, asegúrate de tener suficiente información antes de lanzarte a la aventura. Lee libros, asiste a conferencias, fórmate, prepárate al máximo para empezar con buen pie.

Pregúntate qué es lo peor que podría pasar si todo va mal. ¿Podrías vivir feliz de todas formas? ¿Qué es lo que arriesgas? ¿Merece la pena? ¿Sería peor que la situación actual? ¿Qué harías si todo fallase? Yo pensé que, en el caso poco probable de que todos mis planes fracasasen, siempre podría hacer voluntariados a cambio de techo y comida, o tocar en la calle; es decir, que no me iba a morir de hambre e iba a seguir siendo libre. Y, a día de hoy, esta idea sigue pareciéndome más atractiva que quedarme como estaba.

Por más planes que hagamos, la vida es impredecible e intentar controlarlo todo solo nos crea resistencia y frustración. Como dice el famoso *coach* Tony Robbins en un artículo de la revista *Success:** «La calidad de tu vida es directamente proporcional a la cantidad de incertidumbre que puedas soportar». Una vida cómoda y segura tiene ciertas ventajas, pero los que queremos sacarle todo el jugo a nuestra existencia sabemos que los sueños más hermosos están más allá de nuestra zona de confort, detrás de nuestros miedos.

Trabajar en tu propio proyecto es la inseguridad eterna, pero ¿realmente es más seguro tener un trabajo por cuenta ajena? Yo tengo mis dudas. Como emprendedora tengo la capacidad de cambiar de rumbo e inventarme nuevas fuentes de ingresos, ya no dependo de otras personas, ni de las circunstancias de una empresa, ni de la situación

* <https://www.success.com/tony-robbins-ultimate-guide-to-your-best-year-ever/>.

económica de mi país. Al final, de una forma u otra, todos nos enfrentamos al azar, a cambios y sorpresas inesperadas. La pregunta es: ¿quiero sobrellevar los cambios y las sorpresas que se me vengan encima o quiero dirigir mi propio cambio? La auténtica seguridad es saber que puedes adaptarte a todo lo que venga, que no hay circunstancia inesperada que pueda romperte, porque tú ya estás en un proceso consciente de transformación continua.

La vida es como un fuerte oleaje. Puedes quedarte mirando cómo se te vienen encima toneladas de agua una vez tras otra mientras intentas sobrevivir, o puedes aprovechar la fuerza del mar para subirte a la cresta de las olas y surfearlas. Inevitablemente te llevarás algún revolcón, pero sabes que tarde o temprano volverás a estar arriba, y ese momento no tiene precio. El truco está en encontrar algún punto de seguridad dentro de la gran incertidumbre que es la vida, como el surfista que se aferra a su tabla que le permite moverse con seguridad dentro de ese mar impredecible.

El que no sabe bien cuál es la base de su bienestar se asusta ante lo desconocido y teme probar cosas nuevas. Los minimalistas aprendemos a identificar las poquitas cosas que sostienen nuestra felicidad y nos las aseguramos muy bien, por eso tenemos una buena capacidad de adaptación a los acontecimientos inesperados. Por supuesto, las cosas esenciales que dan seguridad son diferentes para cada persona. Yo, por ejemplo, poseo diversas habilidades que creo que puedo convertir en ingresos, me siento motivada para seguir aprendiendo y mejorar, y tengo personas cercanas que me apoyan y me dan cariño. Todo lo demás puedo construirlo mientras cuente con esta base.

Cuando tienes asegurado lo esencial, aunque lo demás falle, ya nada puede pararte. Dejas de ser una víctima de las circunstancias y te conviertes en el dueño de tu destino.

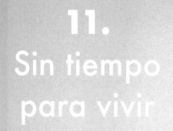

11.
Sin tiempo para vivir

*Levanto la vista hacia el reloj de la pared y me echo
las manos a la cabeza al comprobar atónita que es
más de medianoche. Cuando llegué del trabajo aún
tenía toda la tarde por delante, pero no he hecho
la maleta, ni he llamado a casa, ni he practicado
aquella canción que hace meses que quiero grabar.
Ni siquiera me he preparado algo de cena,
y mi estómago me lanza ahora gruñidos furiosos.
¿Adónde han ido las últimas seis horas?*

i vida, como la de la mayoría, ha sido una carrera contra-
rreloj. De niña, el agobio de terminar a tiempo los deberes
del colegio. De adulta, la presión por conseguir un puesto
fijo antes de los veinticinco, cuando se supone que todavía tienes
oportunidades. Cuando monté mi propio negocio, la urgencia de empezar a generar ingresos. Y para colmo, las prisas por encontrar el
hombre perfecto a tiempo para casarme y tener hijos antes de los
treinta, por no hablar de las miles de pequeñas tareas diarias que se
van acumulando como una maldición: plazos y fechas límite en el ho-
rizonte que se vienen encima a toda velocidad mientras te haces cada
día un poquito más vieja... ¡Socorro!

Los últimos años, antes de descubrir el minimalismo, mi vida se me
antojaba una sucesión de horas de trabajo, tareas y problemas por re-

solver. Los días volaban a una velocidad de vértigo, y no me quedaban horas para vivir. Aunque mi horario de trabajo no era tan terrible, perdía mucho tiempo con las tareas del hogar, intentando poner un poco de orden entre tanta cosa. No sabía organizarme de forma eficiente y mi caos mental-emocional no dejaba que me concentrase en ninguna actividad. En realidad, ni siquiera tenía claro lo que quería hacer con mi tiempo libre, que acababa desperdiciando delante del ordenador o con cualquier actividad aleatoria que no me conducía a ningún resultado concreto. Como tengo una mente inquieta, siempre se me estaban ocurriendo nuevas ideas que solo me creaban más frustración porque no encontraba el momento para dedicarme a ellas. Poco a poco fui perdiendo la esperanza y abandonando mis proyectos y aficiones.

Me sentía como en uno de esos videojuegos que al principio es muy fácil, pero a medida que avanzas va cada vez más rápido y van apareciendo más y más elementos que tienes que cazar y esquivar, y nunca se detiene, y si te paras a pestañear un segundo... ¡zas! Mueres. «No llego, no llego, voy tarde... Se me escapan los años y no estoy donde debería estar.»

LA SOCIEDAD DE LA PRISA

Encuentro una clara similitud entre la forma en que utilizamos el tiempo y el espacio. Llenar nuestra casa de objetos acumulados que no necesitamos, o llenar nuestra agenda con montones de actividades que no sabemos muy bien dónde nos conducen, en el fondo son dos manifestaciones de lo mismo. Nos quejamos de falta de tiempo igual que nos quejamos de falta de espacio, pero si el día tuviera más horas, las llenaríamos rápidamente con más tareas, igual que llenamos inmediatamente una estantería nueva de trastos.

Vivimos en una sociedad que valora la productividad, que considera exitoso al que más hace. Nos lanzamos a la competición por hacer el mayor número de cosas lo más rápido posible, como si nos fuera la vida en ello. Sea lo que sea que estemos haciendo, siempre tenemos la sensación de fondo de que deberíamos estar realizando otra cosa más urgente, y nunca nos alcanza el tiempo para todo lo que habíamos planeado. Incluso en nuestro tiempo de ocio vamos con prisas para visitar más sitios, para hacer más deportes, para ver y quedar con más gente. Pero lo cierto es que, al final de nuestra vida, poco nos importará cuántas cosas hayamos hecho, sino cuánto hemos disfrutado de ellas. Lo que realmente cuenta son los momentos de plenitud compartidos con personas queridas y, sin embargo, la mayoría estamos tan ocupados corriendo de tarea en tarea que apenas nos detenemos a regocijarnos en nuestras obras o en el milagro de la pura existencia.

¿Recuerdas cuando eras niño y los días parecían eternos mientras disfrutabas cada instante sin preocuparte de la hora ni de tener que hacer nada más que lo que tenías entre manos? Yo añoraba esa vida lenta y contemplativa de la infancia, me negaba a creer que los adultos no tengamos derecho a disfrutar de la calma y del *dolce far niente*. Nos hemos acostumbrado hasta tal punto al estrés y a las prisas que lo hemos aceptado como una característica natural del ser adulto, pero ¿sabes qué? ¡No lo es! No es normal pasarse media vida corriendo. No. Nuestra naturaleza es estar presentes en el aquí y en el ahora, disfrutando del simple ser, como el resto de criaturas de este planeta.

Vivir *minimalistamente* es bajar el ritmo, recuperar el control del tiempo y saborear la vida en vez de limitarte a verla pasar. Tal es la consecuencia de centrarse en lo esencial y liberarse de lo sobrante. Quizá estés pensando que en tu caso es imposible porque tienes demasiadas obligaciones de las que no te puedes librar. A mí también me lo parecía, pero te aseguro que, poquito a poco, con pasitos de hormiguita y a medida que simplificas tu vida, vas encontrando formas de liberar tu tiempo y dejar de correr. Solamente el vaciar tu casa de lo que te sobra ya te libera automáticamente de muchas tareas inútiles, y eso te da el espacio suficiente para empezar a hacer cambios más profundos en tu forma de vivir.

¿ADÓNDE VA MI TIEMPO?

A menudo saltamos de actividad en actividad de forma automática, sin prestar atención, y así llegamos al final del día con la sensación de no haber hecho nada a pesar de haber estado atareadísimos. Para poder administrar el tiempo eficientemente, lo primero es ser bien conscientes de cómo lo utilizamos. ¿Cuánto tiempo he pasado viendo la tele o mirando las redes sociales? ¿Cuánto tiempo he dedicado a las tareas del hogar? ¿Cuánto tiempo he pasado con mi familia y amigos? ¿Qué otras actividades he realizado? ¡¿Adónde ha ido mi tiempo?!

Diario de actividades

* Deja espacio en tu agenda para hacer un seguimiento de tus actividades diarias. También puedes utilizar un cuaderno o una aplicación móvil.

Desde que te levantas, ve apuntando las horas y las actividades que vas realizando.

Cada vez que cambies de actividad, haz una nueva entrada con su hora.

Apunta tanto las tareas del hogar como las del trabajo, las horas de ocio y las de descanso.

Registra también pequeñas actividades sin aparente importancia, como hacer una pausa para tomar un café o mandar un whatsapp. Aunque sean tareas rápidas, puede ser sorprendente descubrir la frecuencia con que realizas estas acciones.

Haz este ejercicio, por lo menos, durante una semana.

Después de hacer la limpieza de mi casa, me resultó evidente que estaba gastando mi tiempo en tareas inútiles, tales como la hora y media que necesitaba para arreglarme por las mañanas, mantener al día el *feed* de mis redes sociales o limpiar el exceso de cacharros de mi cocina. Todas estas tareas me ocupaban gran parte del día, que no estaba utilizando para las cosas realmente importantes, las que me harían acercarme cada vez más a mis objetivos y sueños. Y, además, ni siquiera sabía, de manera consciente, lo que era importante para mí.

Objetivamente, tiempo siempre tenemos, pues a lo largo de toda nuestra vida un minuto sucede sin pausa a otro. La cuestión no es cuánto tiempo tenemos, sino qué hacemos con él. Cuando decimos «no tengo tiempo», lo que pasa en realidad es que no tenemos claras nuestras prioridades, o las estamos descuidando. Nos mantenemos ocupados con mil cosas día tras día mientras sentimos que deberíamos estar haciendo otras diferentes. Cuando no tenemos objetivos claros, sentimos que los días se nos escapan como arena fina entre los dedos. Levantarte por la mañana sin saber qué quieres hacer hoy es como arrancar el coche sin saber a dónde quieres ir: ya puedes pasarte el día entero conduciendo, que no llegarás a tu destino.

Haz dos listas.

Anota todos los asuntos importantes a los que quieras dedicar tiempo y atención. Pueden ser proyectos profesionales, hobbies, tiempo con la familia, aprender algo, renovar tu casa...

Elige los tres más importantes, aquellos que más te acerquen a tus objetivos y mayor satisfacción te produzcan. Seguramente tendrás que hacer otras tareas paralelamente, pero asegúrate de dedicar a estos tres el tiempo suficiente para obtener resultados.

Revisa si hay algún tema en tu lista que puedas descartar directamente para liberar tu mente.

Deja el resto de tareas en segundo plano por ahora, hasta que pasen a ser prioritarias más adelante.

Apunta todas las cosas que sientes que te chupan tiempo y energía, como tareas de la casa, interrupciones, determinadas personas, ver la tele, dormir mal... Algunos robatiempos serán más fáciles de identificar y eliminar que otros.

Empieza por los más evidentes, y utiliza como motivación tu lista de prioridades. Esas son las razones por las que quieres cambiar tus hábitos.

Libérate de «tareas basura», o sea, las que te roban tiempo sin darte resultados satisfactorios como, por ejemplo, revisar el e-mail diez veces al día o doblar treinta pares de calcetines cuando te bastarían ocho.

Puedes actualizar tus dos listas cada mes, para mantener tus prioridades claras a lo largo del año.

Aunque las prioridades de cada persona son completamente diferentes, una cosa que a todos nos beneficia es poner en un lugar preferente el descanso. Con frecuencia, la pérdida de tiempo está relacionada con la falta de sueño, ya que el cansancio disminuye notablemente la capacidad de concentración, la energía y la motivación. Si quieres que tu día parezca mucho más largo y te dé tiempo a hacer un montón de cosas, tómate en serio tu descanso.

Es imposible hacer todo lo que a uno le gustaría hacer en una sola vida. Quítatelo de la cabeza. Pero no sufras, tu vida no va a ser miserable si no consigues hacer todo lo que te gustaría, pues una sola cosa bien hecha tiene el poder de hacernos sentir felices y realizados, mientras que diez cosas hechas a medias nos llenan de frustración.

En el capítulo 5 hemos hablado de cómo el problema del desorden no reside en el sistema de organización sino en la cantidad de cosas que tenemos acumuladas. Con las tareas pasa lo mismo: por muy bien organizada que tengamos nuestra agenda, nunca conseguiremos controlarla si nos empeñamos en ocuparnos de más cosas de las que somos capaces de manejar. Por eso es de vital importancia identificar nuestras prioridades y centrarnos en ellas.

Las personas creativas y con un amplio abanico de intereses se divierten mucho, pero también tienen grandes dificultades para concentrarse; su mente tiende a dispersarse. Hace años compaginaba la pintura con el bajo eléctrico, luego pasaba a la fotografía y el ganchillo, y lo dejaba poco después para empezar a bailar o hacer acroyoga. No dedicaba el tiempo suficiente a ninguna actividad como para llegar a hacerla realmente bien, me frustraba rápido y pasaba a la siguiente. La sensación de empezar mil cosas y no acabar ninguna es desoladora. Con el tiempo empiezas a creer que eres un inútil y no se te da bien nada, cuando lo cierto es que tienes muchos talentos pero no te das la oportunidad de desarrollarlos.

Yo te diría que intentes centrarte en tus dos o tres aficiones favoritas para llegar a dominarlas y disfrutarlas realmente. Si no tienes claro

Minimalistamente

128

qué aficiones elegir, escoge una al azar, porque esto no es tan importante. Lo esencial es que te des el tiempo necesario para alcanzar «la maestría».

«Procrastinar» es lo que nos sucede cuando nos sentimos sobrepasados y vamos postergando el momento de enfrentarnos a una tarea determinada mientras que ocupamos nuestro tiempo con otras actividades irrelevantes. Una vez nos hayamos liberado de tareas basura y tengamos claras nuestras prioridades, la clave para dejar de postergarlas es tener un buen sistema de organización que nos permita saber en todo momento qué debemos hacer a continuación, sin tener que pensarlo.

Este sistema nos permitirá vaciar la mente cada vez que nos pase una idea importante por la cabeza, para poder ocuparnos de ella más tarde, sabiendo que lo tenemos todo bajo control. Así, con la mente libre de preocupaciones, podremos concentrarnos plenamente en la tarea que tengamos entre manos en ese momento.

Yo he desarrollado un sistema muy simple para organizar mis tareas que creo que es completamente personalizable y que puedes adaptar a tus propias necesidades. Con el uso vas a ir descubriendo lo que te funciona y lo que no, y lo podrás modificar sobre la marcha, de forma que el sistema mejorará cuanto más lo utilices.

Agenda de papel. Es útil para apuntar las tareas que tienen fecha y hora, como una cita en el dentista, una reunión o un viaje. También es útil para anotar los eventos más importantes del mes (así tienes una visión general).

Listas digitales. Todo el resto de tareas sin fecha y hora, ya sean personales o profesionales, van a ir a un sistema de listas. Hay muchas aplicaciones móviles para gestionar tareas, como Trello o Asana. Aunque puedes hacer las listas en papel, la experiencia me dice que utilizar una aplicación digital es la clave del éxito, ya que las listas digitales son muy fáciles de modificar y actualizar.
Es muy práctico utilizar el teléfono para apuntar y consultar tareas, porque solemos llevarlo siempre encima y podemos combinarlo con la versión de ordenador para mayor comodidad.

Por temas. Es decir, crear una serie de listas por temas según las necesidades particulares de cada cual. Este sistema va mejorando con el uso; irás añadiendo o quitando listas a medida que lo necesites, pero hay dos listas que considero imprescindibles:

– INBOX: aquí es donde aterrizan las nuevas tareas.
  Esta lista debe de estar en primer lugar para que sea accesible rápidamente cada vez que tengas que apuntar algo. Una vez al día, o a la semana, o con la frecuencia que creas necesaria, ordena estas tareas en sus listas correspondientes.

– HOY: aquí se colocan las tareas de otras listas que quieras hacer entre hoy y mañana. Es algo así como la agenda diaria, pero sin horarios. Se pueden poner por orden de prioridad, para asegurarte de que se cumplen las más importantes.

Otras listas que te pueden resultar útiles: «Más adelante», «Recados», «Buscar información», «Libros que leer», «Personas que contactar», «Ideas para el proyecto X», «Temas para la próxima reunión», «Sitios que quiero visitar»...

Pónselo muy fácil a tu cerebro dividiendo las tareas complejas en subtareas lo más pequeñas y simples posible. Una tarea no debería llevarte más de dos horas, para asegurarte de que la terminas. Además, sé concreto a la hora de escribir la tarea, incluye siempre una acción y especifica a qué asunto se refiere. Por ejemplo, en vez de «restaurante», escribe «llamar al restaurante para reservar mesa».

Al final del día, actualiza tus listas y prepara la lista de tareas para el día siguiente. A primera hora de la mañana, revisa tu lista de HOY para anticiparte.

Las tareas que te llevan dos minutos, o menos, hazlas en el momento y evita engordar tus listas con un montón de minitareas que dan muchísima pereza.

A la mayoría nos resulta muy difícil planear un horario y tener la disciplina de cumplirlo, y eso conlleva una frustración. Así que, si a ti los horarios también te dan sensación de prisa y te estresan, te propongo cambiar los horarios por estas listas de tareas bien organizadas. Me refiero, obviamente, a las tareas al margen de tu horario oficial de trabajo, o a las tareas de tu trabajo que no tienen un horario establecido. Cualquiera puede utilizar este sistema. Yo que siempre he tenido una fuerte tendencia a postergar tareas y morirme del estrés después, he comprobado que los horarios no son imprescindibles, y que lo que nos vuelve realmente productivos es tener siempre claro lo que tenemos que hacer y en qué orden. Cuando esto está claro, simplemente vas haciendo, a tu ritmo, sin prisas.

Paradójicamente, el hecho de estar mirando la hora todo el rato no nos hace cumplir mejor nuestros horarios ni ser más puntuales, pero sí que nos distrae del trabajo y nos crea un estrés innecesario. Por eso, yo he decidido reducir al mínimo mi uso del reloj. En vez de controlar la hora regularmente, utilizo alarmas que me avisan de que es hora de irme, o de atender cualquier tarea con horario. Mientras no suene esa alarma, sé que puedo concentrarme en lo que sea que esté haciendo sin preocuparme por la hora.

Este pequeño truco no solo mejora mi flujo de trabajo y me libera de la sensación de prisa, sino que me ayuda a ser puntual porque, al funcionar con alarmas, nunca se me pasa la hora. La puntualidad no es solo una cuestión de respeto hacia otras personas, sino que mejora la calidad de vida. Llegar tarde te obliga a ir con prisas y buscar excusas, y eso estresa y pone de mal humor; en cambio, ser puntual te permite adoptar una actitud relajada y confiada. Según sea tu actitud, así serán tus resultados.

Prepárate con tiempo, no esperes hasta la hora de irte. Arréglate y déjalo todo listo al menos una hora antes. Así puedes aprovechar el tiempo sobrante sin correr.

Calcula tiempo de más, cuenta con imprevistos y con que tardarás más de lo que planeaste.

Llega antes de la hora. La calma de llegar a los sitios sin prisas y de buen humor es impagable, y en muchas ocasiones te proporciona ventajas, como elegir el mejor sitio. Si llegas demasiado pronto, puedes aprovechar para relajarte tomando un café, repasar los temas de la reunión, leer un rato...

Levántate temprano para ir relajado, porque si empiezas el día con prisas, irás con prisas el resto del día.

Estoy escribiendo estas líneas a toda prisa, agobiada porque no me da tiempo de terminar el trabajo que tenía planeado. Y me echo a reír cuando advierto mi incoherencia. En un mundo que funciona a una velocidad de vértigo, incluso cuando se es muy consciente, es humano verse arrastrado por esta falsa sensación de urgencia que en ocasiones parece tan real. Pero ¿qué es realmente urgente?

Hago una pausa, respiro, miro por la ventana y observo la lluvia de primavera que moja los árboles. Al otro lado de la habitación, mi hermana descansa en el sofá mientras también mira la lluvia, pensativa. Escucho con fascinación los acordes de guitarra que llegan a mis oídos y siento la paz de este momento. Recuerdo que estas son las cosas que dan sentido a mi vida.

12.
El espejo
de las relaciones

*Doy sorbitos a mi zumo de manzana mientras
observo a la gente riendo y disfrutando de la fiesta.
Hay mucho ruido y no deja de llegar gente nueva
que no conozco. Nunca me he sentido tan sola.
Me he quedado petrificada en esta esquina,
me entran sudores fríos y todos mis músculos están
en tensión. Ni siquiera sé cómo estar aquí
de pie sosteniendo mi vaso en una postura
medio normal, todos van a pensar que soy rara
y nadie querrá hablar conmigo. Quisiera salir
corriendo, que se me tragara la tierra, y rezo para
que alguna alma caritativa venga a salvarme
dándome conversación.*

e dice que los músicos somos tan raros que solo nos entendemos entre nosotros. De hecho, hasta que cumplí los treinta, me
relacionaba casi exclusivamente con músicos. Fuera del cerra-
do mundillo de la música clásica, me sentía descolocada, pero, al mismo tiempo, sabía que no estaba en mi sitio y me sentía terriblemente
sola e incomprendida. Buscaba desesperadamente una conexión
profunda con otras personas y me convertí en una auténtica *junkie* de

las relaciones, románticas o no. Inconscientemente, además, buscaba relaciones conflictivas que me proporcionasen una buena dosis de sensaciones intensas. Era una montaña rusa emocional que me hacía sufrir, pero sin esas turbulencias me hundía en un vacío insoportable. Más adelante, el minimalismo me mostraría que ese vacío que tanto temía es clave para mi equilibrio mental, para aprender a construir relaciones sanas y maduras.

Igual que acumulamos cosas para distraernos de nuestro vacío interno, utilizamos las relaciones personales a modo de droga para aliviar ese terrible dolor emocional. ¿Quién no se ha obsesionado alguna vez con la vida y los problemas de otros para no enfrentarse a los suyos propios? Así como pensamos que nuestras posesiones materiales tienen el poder de hacernos felices, creemos que otras personas también pueden ejercer ese poder sobre nosotros, y nos sentimos traicionados si no cumplen nuestras expectativas. Nos identificamos hasta tal punto con nuestros seres queridos, que sentimos que moriremos si se van de nuestro lado, y a esto lo llamamos amor, cuando más bien es un intento desesperado de que algo o alguien llene ese vacío insoportable que nosotros no sabemos llenar. Pero lo cierto es que nada puede procurarnos el amor que no sabemos darnos a nosotros mismos.

Al final, todo se resume en la relación que tenemos con nosotros mismos, y es que, en el fondo, no vemos a los demás como son, sino como somos nosotros. Mientras no sanemos esta relación, seguiremos viendo en los demás nuestro propio conflicto interior. Si soy impaciente conmigo, probablemente encontraré personas que me irriten y acaben con mi paciencia. Si me insulto continuamente, encontraré motivos de sobra para insultar a otros. A medida que aprendo a ser más comprensivo y amable conmigo, automáticamente lo seré con los demás, y entonces recibiré una respuesta más positiva por parte de mi entorno. Centrémonos en nuestra zona de influencia en vez de esperar eternamente que otros nos hagan felices cuando ni nosotros mismos sabemos qué queremos. Si dejamos de exigir a los demás que nos den aquello que nos falta y nos responsabilizamos de lo que sentimos, nuestras relaciones se vuelven mucho más equilibradas y satisfactorias.

Cuando entiendes que lo que ves en los demás es un reflejo de ti mismo, puedes dejar de romperte la cabeza con la complejidad de tu vida social y, en cambio, centrarte en construir una sólida amistad contigo mismo, que se verá automáticamente reflejada en el resto de tus relaciones. Y si vamos un paso más allá, llegaremos además a la conclusión de que también los demás se ven reflejados en nosotros. La opinión de otros sobre mí tiene más que ver con ellos que conmigo.

Cuando entendí esto, dejé de angustiarme y de malgastar mi energía intentando agradar al resto de la humanidad, lo cual de todas formas es absolutamente imposible. ¿No es mucho más lógico ser lo que te satisface a ti que tratar de ser lo que supones que agradará a otros? Nunca voy a gustarle a todo el mundo, pero mientras sea fiel a mí mismo, agradaré a las personas que aprecian mi verdadero ser.

No hay ninguna relación tan importante como la que tienes contigo mismo, y ninguna que merezca más atenciones. Y ¿cómo se construye una buena relación con uno mismo? Pues de la misma forma que con cualquier otra persona: con cariño, respeto, buena comunicación y sentido del humor. Pero no podemos mejorar aquello que desconocemos; así que el primer paso es observar nuestro diálogo interno para tomar conciencia de cómo nos hablamos y cómo nos tratamos a nosotros mismos.

Presta atención a tu pensamiento y a tu cuerpo como si te desdoblaras y te observaras a ti mismo desde fuera.

Advierte que hay una parte de ti que es consciente de lo que hace tu otra parte: un «yo observador» y un «yo observado».

No juzgues ni valores lo que observas, simplemente mírate haciendo tus tareas cotidianas como si miraras a un desconocido. Toma conciencia de lo que hace, dice y siente tu «yo observado».

Comunícate de forma amorosa y comprensiva con tu «yo observado», ofrécele tu apoyo y tu compañía como harías con un amigo. Escucha con atención si tiene algo que decirte, hazle preguntas para entenderle mejor. Permítele expresar lo que necesite y no lo abandones, hazle saber que estás ahí y puede contar contigo siempre.

Ahora que has establecido una comunicación consciente contigo mismo, puedes mimar esta relación como lo harías con cualquier otra. Es natural que surjan conflictos y peleas, pero con buena comunicación, se va fortaleciendo la confianza y el cariño.

Quedarte a solas cuando no te gustas es muy molesto, por eso ponemos la tele, nos vamos de compras o hacemos cualquier cosa que nos distraiga del dolor que no queremos mirar. Pero cuando se hace el ejercicio consciente de comunicarse con uno mismo, resulta muy satisfactorio dar espacio para nutrir esa relación, igual que dedicamos tiempo a mimar a nuestra pareja. De hecho, ¡es muy similar! Estar enamorado de tu pareja no es algo que te pasa cuando tienes suerte, es un trabajo diario a lo largo de los años, y enamorarte de ti mismo, también. Siempre estoy atenta a mi «yo observado», ayudándole a superar cualquier dificultad, animándole, diciéndole cosas bonitas, sacándole a pasear para que se divierta, haciendo acopio de paciencia cuando se pone de berrinche... y converso con ella diariamente. Sí, lo confieso: hablo sola, ¡y nunca he estado tan cuerda!

Por eso, una parte importantísima de mi práctica minimalista es darme espacio para estar a solas regularmente. Permítete el espacio para estar solo y en silencio, pasar tiempo contigo mismo, conocerte, escucharte, darte el cariño y la comprensión que necesitas. Date todo eso tú mismo y dejarás de sentir que dependes de otras personas. Tus relaciones serán un tesoro que enriquece tu vida, pero serás libre de ellas.

Todas las personas con las que nos cruzamos en nuestro camino nos impactan de alguna forma, es inevitable. La pregunta es: ¿qué tipo de personas queremos que nos influyan?

Toda mi vida había tenido esa enorme necesidad de conexión, pero al mismo tiempo sufría ansiedad social y no sabía cómo aproximarme a las personas, así que simplemente esperaba que la gente se aproximara a mí. De esta forma llegaron algunas personas que enriquecieron mi vida enormemente, y otras muchas que no tenían casi nada que ver conmigo, pero me hacían sentir menos sola. Después de revisar cada objeto de mi casa preguntándome si me aportaba valor y si era coherente con la vida que deseaba, me dije: ¿y por qué no elegir mis relaciones con los mismos criterios? ¿Por qué no escoger conscientemente a las personas de las que quiero rodearme en vez de aceptar a cualquier persona que llegue a mi vida por casualidad o accidente?

Nunca me había planteado qué tipo de personas quería tener cerca, y de pronto me resultó evidente por qué mi vida social había sido tan agridulce hasta entonces. Es como si vas al supermercado sin pensar lo que quieres cocinar y luego pretendes sacar una cena gourmet espectacular. Podría salir bien, pero lo más probable es que tengas que acabar llamando a Telepizza.

O sea, que puedo elegir a las personas que quiero en mi vida... ¡Fantástico! Pero ¿dónde están esas personas?

Viven unos 7.500 millones de seres humanos sobre la faz de la Tierra. ¿Cómo es posible que tantos nos sintamos solos e incomprendidos? Lo cierto es que estamos rodeados de personas afines que podrían llenar nuestras vidas de amor y alegría, pero no las vemos porque no sabemos exactamente qué estamos buscando. En cambio, acabamos atrayendo a personas que encajan con nuestros patrones heredados y nuestros conflictos sin resolver.

Para identificar y atraer a esas personas adecuadas, solamente tenemos que convertirnos en el tipo de persona que queremos tener cerca. Es lógico: si soy una persona amargada que se queja, se me acercarán amargados quejicas; mientras que si soy una persona alegre que le gusta abrazar, se me acercarán personas positivas que disfrutan el contacto físico. Cuanto más te pareces a esa persona, más fácilmente identificas esas características en los demás y empiezas a encontrar esas personas por todas partes. También distingues con más claridad las personas de tu entorno que están en discordancia con esas características.

¿Qué carácter tiene?

¿Cuáles son sus valores?

¿Cómo piensa? ¿Cómo habla?

¿Cómo es su estilo de vida?

¿Cómo trabaja?

¿Qué hace en su tiempo libre?

¿Cómo se alimenta?

¿Cómo maneja el dinero?

Estas son algunas de las preguntas que puedes empezar a formularte.

Durante mis primeros meses de minimalismo, conocí de pronto a un buen número de personas muy especiales en la misma ciudad donde me había sentido tan sola durante seis años. ¿Se pusieron todas de acuerdo para aparecer en mi vida al mismo tiempo? Claro que no, siempre habían estado ahí, pero no reparé en ellas hasta que cambié mi forma de pensar y actuar.

UNA VEZ MÁS, CALIDAD POR ENCIMA DE CANTIDAD

Si tener gran cantidad de cosas materiales no nos hace más felices, tener gran cantidad de relaciones tampoco, por mucho que las redes sociales nos hayan hecho creer lo contrario. Lo que nos proporciona verdadera satisfacción es la profundidad de nuestras relaciones, no la cantidad.

Construir relaciones profundas y sanas requiere dedicación: pasar tiempo juntos, compartir experiencias, escuchar activamente, estar ahí y apoyar al otro, estar dispuesto a comunicarse honestamente y resolver conflictos... El número de relaciones que podemos atender a este nivel de profundidad es muy limitado, y si nos empeñamos en querer repartirnos entre demasiadas personas, todas nuestras relaciones se verán afectadas. Es cierto que nunca se tienen demasiados amigos, pero es fundamental elegir conscientemente el nivel de implicación que tenemos con cada uno. La clave de una vida social satisfactoria es, ante todo, asegurarnos de dedicar la atención necesaria a aquellas pocas relaciones prioritarias que más enriquecen nuestra vida.

Haz una lista de todas las personas importantes en tu vida en este momento, y haz una selección de las cinco principales.

Haz un balance de la cantidad de tiempo y atención que dedicas a cada una de estas personas. ¿Es suficiente? ¿Te gustaría dedicarles más atención y reforzar tu vínculo con ellas? ¿Qué te está impidiendo dedicarles toda la atención que te gustaría?

Escribe algunas acciones concretas para reforzar tu relación con estas personas.

¡No tienes que cortar con el resto! Disfruta de todas las relaciones que quieras, pero siempre asegurándote de dedicar primero a estas cinco toda la atención que se merecen.

> Opcionalmente, puedes hacer una lista de relaciones que te restan energía sin aportarte mucho a cambio. Simplemente toma conciencia de que esas relaciones necesitan un cambio de dinámica.

RELACIONES TÓXICAS

A medida que identificamos nuestras relaciones estrella, es probable que también sintamos la necesidad de alejarnos de ciertas personas que nos hacen sentir mal. Se habla mucho de las «personas tóxicas» que, supuestamente, son personas negativas y manipuladoras que te chupan la energía, te dejan agotado y deprimido, y hay que evitar a toda costa antes de que destrocen tu vida. A mí este concepto me hacía sentir víctima de algo que no podía controlar, no me ayudaba, así que decidí transformarlo.

Después de indignarme durante años por la cantidad de personas tóxicas que me rodeaban, no tuve más remedio que admitir que, tal vez, yo estaba contribuyendo a crear esas situaciones. Pensándolo bien, una persona no puede tener un comportamiento tóxico sin otra persona que participe en la relación. Por lo tanto, una persona por sí misma no es tóxica; lo tóxico es la combinación de las dos personas que mantienen la relación. Desde esta nueva perspectiva, dejas de sentirte una víctima de personas malvadas y entiendes que tienes tanta responsabilidad como la otra persona.

Y es importante no confundir «responsabilidad» con «culpa», que es algo muy diferente. La culpa nos castiga quitándonos nuestro valor personal y no beneficia a nadie, mientras que asumir nuestra responsabilidad nos hace libres y nos permite tomar la decisión de romper ese patrón nocivo y resolver el conflicto.

Responsabilidad es analizar cuál es tu zona de influencia y decidir si quieres seguir participando en la relación tóxica o no. Romper este patrón depende únicamente de uno mismo, por eso es tan efectivo. Cuando tú cambias tu actitud interna, la relación cambia automáticamente, lo quiera el otro o no. Es más, dejas de atraer relaciones parecidas, pues ya no complementas a las personas que aún tienen este patrón. El minimalismo mental es de gran ayuda aquí, porque nos hace enfocar la atención en nosotros mismos e identificar los pensamientos y creencias que nos llevan a este tipo de relaciones.

Sí, a veces es sano y necesario poner fin a ciertas relaciones. Pero las personas no son camisetas viejas que puedas tirar a la basura cuando ya no te sirven. ¿Qué hacer cuando esa persona que te hace sentir mal es alguien a quien no puedes dejar de ver, como un familiar o un compañero del trabajo?

Interrumpir todo contacto con otra persona y poner distancia, solo es indispensable como medida de protección cuando la relación ha llegado al punto del maltrato y la violencia, pero no es necesario en la mayoría de los casos. Por lo general, no necesitamos librarnos de la persona, sino del patrón de relación con esa persona, que ya no nos sirve. Cuando yo cambio mi actitud interna, la relación deja de ser conflictiva, o como dice el refrán: «Dos no se pelean si uno no lo desea».

Todas las relaciones, y especialmente las difíciles, traen consigo un enorme potencial de aprendizaje. No cometamos el error de huir y negarnos a enfrentarnos a las relaciones complicadas. Si rompiéramos con todas las personas que nos causan conflictos, acabaríamos más solos que la una. Además, podemos tener por seguro que, mientras no resolvamos nuestro conflicto interno, volveremos a encontrarnos la misma situación con una cara diferente. Tus relaciones sanan de forma natural a medida que tú te transformas, y cuando una relación se vuelve sana, pueden pasar dos cosas: o se estrecha el vínculo, o los caminos se separan de forma pacífica sin necesidad de forzar una ruptura.

En ocasiones, hay personas que nos hieren profundamente. Es importantísimo establecer nuestros límites, pero también debemos recordar que el odio y el resentimiento no conducen a nada bueno. Nadie en su sano juicio disfruta haciendo daño a otras personas. Me parece evidente que una persona que hace daño está sufriendo también, por motivos que tal vez no podamos ni imaginar. De ninguna manera voy a disculpar o tolerar ciertos comportamientos, y deberé tomar las medidas pertinentes para protegerme, pero si entiendo que la otra persona está en su propio proceso de aprendizaje y dejo de verle como a un enemigo, los dos nos liberaremos de una carga muy pesada. Dejemos de odiar, ya no por la otra persona, sino por nosotros mismos. Porque el odio hace más daño al que lo siente que al que lo recibe.

Traducción mental

Este es un pequeño truco que me ayuda a dejar de reaccionar negativamente a las acciones y comentarios de otras personas.

Las palabras en sí no tienen el poder de hacernos sentir nada hasta que las interpretamos; lo que nos afecta es el significado personal que les damos.

Todo lo que decimos, aunque se lo digamos a otro, en realidad tiene que ver con nosotros mismos. Y aunque a menudo nos explicamos de forma desafortunada, en el fondo, todo lo que queremos expresar se resume en temor/necesidad o en gratitud/amor.

Siempre que oigas un comentario que te duele, haz una traducción simultánea en tu mente y trata de escuchar lo que realmente está queriendo decir esa persona. Entiende que lo que dice se refiere a sí mismo y no a ti. Escucha la necesidad o temor que está intentando expresar detrás. Por ejemplo, si escuchas «no te dejo el coche porque eres un irresponsable», lo podrías traducir como «te quiero y necesito saber que estás a salvo».

Puedes traducir de la misma forma las acciones no verbales que te duelan.

No tenemos que tolerar ciertos comportamientos ni justificarlos, pero entenderlos es un paso decisivo para sanar la relación.

Todos los cambios importantes que hacemos en nuestra vida se ven reflejados en nuestras relaciones de una forma u otra, así que es lógico esperar que nuestro círculo social sufra cierta transformación cuando hacemos la transición a un estilo de vida minimalista.

Durante mis primeros meses de minimalismo, a medida que cambiaba mi forma de entender el mundo, me iba desconectando por momentos de muchas personas de forma natural, sin sufrimiento, sin violencia. Por otro lado, las relaciones verdaderamente valiosas se trasformaron, pero no se rompieron. Pasé una época en la que ya no encajaba con muchas personas de mi círculo y me sentía muy sola, pero no tardé en empezar a conocer gente nueva muy diferente. Eran personas altamente positivas, con profundos valores morales que me inspiraban y me motivaban. Pude ver claramente cómo atraemos a las personas que están en nuestra misma onda.

Nuestro círculo social sufre cierta transformación cuando hacemos la transición a un estilo de vida minimalista

Cuando aplicamos el minimalismo en casa, dejamos ir muchas cosas y permitimos que entren otras nuevas de mayor calidad, al tiempo que disfrutamos mucho más las poquitas que nos hemos quedado. Con las relaciones pasa lo mismo: muchas se terminan, pero llegan otras más sanas, y las que nos quedaron, toman otra dimensión mucho más profunda. Durante este proceso es natural sentir temor al rechazo, pues la mayoría nos hemos pasado la vida intentando satisfacer las expectativas de otros. Da miedo enfrentarse a la experiencia de ver cómo muchas personas salen de tu vida de golpe, sin saber quién se quedará y qué personas nuevas llegarán, pero ¿no merece la pena averiguarlo?

Lo que nos proporciona
verdadera satisfacción
es la profundidad
de nuestras relaciones,
no la cantidad

13.
Maldito dinero

Miro el saldo de mi cuenta en un cajero automático
y compruebo atónita que he gastado prácticamente
todos los ingresos de los últimos meses.
¿Adónde ha ido mi dinero? No tengo ni idea,
intento hacer memoria de mis gastos recientes, pero
no me salen las cuentas. Me subo al autobús llena
de preocupación y me paso el viaje haciendo cuentas
mentales. Cuando llego a casa me reconcome
la angustia, necesito desconectar. Agarro el iPad
y me tiro en el sofá a mirar zapatos en una
tienda online.

e soy completamente sincera: no soy experta en finanzas, ni tengo la receta para hacerse millonario, y tampoco me sobra el dinero. He querido dedicar un capítulo al dinero porque el minimalismo ha tenido un gran impacto en mi forma de utilizarlo y percibirlo. Gracias al minimalismo tuve el valor de renunciar a la seguridad de un sueldo fijo para dedicarme a lo que me hace feliz, y gracias al minimalismo he conseguido sentir el control de mi vida incluso cuando no estaba generando ingresos. Cualquiera que haya emprendido un negocio propio desde cero se podrá imaginar la peliaguda situación económica que he vivido los últimos años. Y a pesar de esta circunstancia, he conseguido una sensación de seguridad y libertad que con un sueldo fijo no tenía.

Al deshacerme de tantas cosas que me sobraban y zafarme de distracciones, pude darme cuenta de que lo verdaderamente valioso no se compra con dinero; que son mis experiencias y mis seres queridos los que dan sentido a mi existencia, y que no hay situación económica que pueda impedirme disfrutar de la vida. Si no soy capaz de ser feliz con poco dinero, tampoco lo seré cuando tenga mucho, pero si me siento feliz en momentos de escasez... ¡mi vida será alucinante cuando lleguen tiempos mejores! Me gustaría ganar mucho dinero para poder realizar ciertos proyectos, pero no tengo que esperar a conseguirlo para ser feliz, puedo sentirme bien ahora mismo, sea cual sea mi situación financiera.

Crecí con la creencia de que el dinero es la fuente de todos los males, que es difícil conseguirlo y que cuando lo tienes, es difícil manejarlo. El dinero corrompe a las personas, ocasiona guerras y rompe familias. Yo fantaseaba con un mundo utópico sin dinero en el que pudiera construir mi propia cabaña, cultivar mis alimentos y dedicarme a existir sin tener que rendir cuentas a nadie. Así no tendría que sufrir la presión insoportable de conseguir un trabajo que me proporcionara seguridad para el resto de mi vida. Si no fuera por el maldito dinero, podría haber explorado otras opciones para mi futuro, o haberme tomado una pausa en los estudios para ir a viajar por el mundo y conocer culturas nuevas que me abrieran la mente y el corazón.

Durante los primeros años de universidad en Berlín pasé verdaderas estrecheces, aunque lo recuerdo como una de las épocas más felices de mi vida. Era la primera vez que vivía sola y no tenía casi nada. Pero la sensación de libertad no tenía precio, me sentía como un personaje salido de *La bohème*. Me las ingenié para amueblar mi casa restaurando muebles viejos que otros ya no querían y me volví una experta en encontrar chollos y reutilizar cosas aparentemente inservibles. Esta vivencia me enseñó a apreciar el valor de las pequeñas cosas y la abundancia infinita que hay en el mundo y que muchos no ven. Nunca he olvidado esta lección, ni siquiera cuando años después alcancé una situación económica mucho más cómoda.

Cuando conseguí el ansiado puesto fijo, me sentí la reina del mambo y respiré aliviada durante una temporada, pero la euforia no me duró mucho. Pronto me desbordó la responsabilidad de administrar mis finanzas al tiempo que crecía la sensación de que no ganaba lo suficiente. ¡El mundo de los adultos daba miedo! Y es que a la mayoría no nos enseñan a administrar el dinero, como si uno ya naciera sabiendo. Mis conocimientos al llegar a la edad adulta se reducían a tratar de ganar mucho y ahorrar para, algún día, poder hipotecarme a treinta años. Como joven recién salida de la universidad, la perspectiva me parecía aterradora, pero no me planteaba que pudiera haber otras opciones. Tener dinero era casi peor que no tenerlo. Los problemas eran diferentes, pero el tema seguía escapándoseme de las manos. En cierto modo, extrañaba los años de bancarrota total, cuando no tenía que preocuparme de bancos ni facturas, ni de la declaración de impuestos, ni de planes de pensiones y montones de cosas que me sonaban a chino.

Al dejar mi trabajo, tuve que vender gran parte de mis pertenencias y dejar mi apartamento para mudarme a una habitación en un piso de estudiantes como medida de ahorro mientras ponía en marcha mi negocio. El miedo a morirme de hambre y de frío debajo de un puente era muy real, pero pronto comprobé que los recursos que necesito para vivir feliz son tan mínimos que de una forma u otra los puedo conseguir. Claro que no pretendo vivir con ese presupuesto mínimo toda la vida, pero sé que puedo hacerlo en caso de necesidad y sentirme bien. Este descubrimiento me ha liberado del miedo y la presión que sufrí durante tantos años.

Vivir minimalistamente no es sinónimo de bajo presupuesto ni de pobreza. El ahorro, tanto de dinero como de recursos, es una consecuencia natural de adoptar este estilo de vida, pero no es la finalidad. Los minimalistas gastan con conciencia, priorizan calidad por encima de cantidad y prefieren invertir en experiencias más que en cosas materiales. Y esto no es incompatible con la comodidad y el lujo. Se trata de un cambio en la forma de gastar el dinero, no de dejar de gastarlo. Si la finalidad del minimalismo es hacernos la vida más fácil y cómoda, ¿qué mayor comodidad que tener dinero en abundancia?

Hay una extendida creencia de que el dinero es algo superficial que no debería importarnos demasiado, cuando en realidad, a menos que seas un ermitaño solitario, todos necesitamos dinero para funcionar cada día. Los problemas económicos tienen la capacidad de amargarnos la existencia entera, así que no es un tema superficial en absoluto. El dinero puede solucionarnos algunos problemas, pero lo cierto es que la satisfacción no tiene tanto que ver con cuánto tenemos sino con cómo lo utilizamos. Hay personas que amasan grandes fortunas para llevar a cabo proyectos ambiciosos, y otras que prefieren vivir humildemente para poder trabajar menos y disponer de su tiempo. Lo que para unos es una miseria, para otros es un lujo, todo depende de cómo se mire. El dinero es un medio importante para materializar proyectos, pero no tiene el poder de hacernos felices. El minimalista aprecia el dinero y lo usa con sabiduría, pero no deja que condicione su bienestar.

Al hablar de abundancia, uno se imagina montañas de dinero, pero la abundancia no tiene que ver con tu cuenta bancaria, sino con la capacidad de percibir la fuente inagotable de recursos de todo tipo que la vida pone a tu disposición. Se puede ser muy abundante sin tener un céntimo, y se puede tener mucho dinero y vivir en escasez, pues la verdadera abundancia no es tener más, sino sentir que siempre tienes lo que necesitas. En otras palabras, la abundancia se origina en tu mente.

Aunque está de moda hacer afirmaciones positivas y me parece un ejercicio ciertamente interesante, no sirve de mucho decirte a ti mismo todas las mañanas «el dinero viene a mí y soy abundante» si el resto del día te sientes como un gusano y actúas como tal. Los cheques no van a llegar a tu casa, solo por hacer ejercicios de visualización. La mejor de las actitudes no te conducirá a ninguna parte si no la acompañas de acción.

La mejor forma de adquirir una actitud abundante es expresar agradecimiento; es decir, centrarnos en todas las cosas maravillosas que ya tenemos en nuestra vida. Pero el verdadero cambio ocurre cuando, a continuación, pasamos a la acción. La abundancia es el resultado de enfocar nuestras acciones en desarrollar nuestro talento y ponerlo al servicio de otros, bien a través de nuestra profesión o de cualquier otra forma. Escuchar a un amigo, limpiar una playa de basura o cocinar para la familia también son excelentes maneras de servir a los demás.

Cuando unimos talento con servicio, la abundancia llega inevitablemente, aunque no siempre llegue en forma de dinero. Yo he experimentado una abundancia infinita de oportunidades, reconocimiento, apoyo y muchísimo amor, incluso en momentos de escasez económica. Si me atascara en la obsesión de conseguir dinero, no podría recibir todos los regalos que me da la vida, que son, sin duda alguna, mucho más valiosos que una montaña de dinero.

Nos abrimos a la verdadera abundancia cuando dejamos de obsesionarnos con el dinero y hacemos las paces con nuestra situación económica. Pero ¿cómo sentirnos en paz con nuestro dinero cuando estamos sufriendo?

FINANZAS PERSONALES SIN COMPLICACIONES

Para poder liberarme del miedo y vivir en paz necesitaba tener una cierta sensación de control. Pensando minimalistamente, sabía que necesitaba traer conciencia a esta área de mi vida y hacerla fácil.

Estos son los 7 puntos básicos que establecí y que me permitieron tomar el control de mis finanzas sin complicarme la vida:

1. Control de gastos

Todo empieza por observar y tomar conciencia. Es necesario conocer bien el estado de tu cuenta y saber exactamente dónde va tu dinero. Aunque pienses que es suficiente con llevar una cuenta mental, hasta que no lo pones en papel, no eres realmente consciente de cómo usas tu dinero.

Tal vez te parece innecesario llevar un control de gastos si manejas cantidades pequeñas de dinero, pero según mi experiencia, especialmente cuando tienes pocos ingresos, con más razón necesitas llevar un control exhaustivo para poder sacar el máximo rendimiento a tu dinero.

Hasta que cumplí los treinta mi brillante sistema de control de gastos consistía en echar un vistazo al saldo de mi cuenta bancaria cada tres o cuatro meses y meter el excedente en una cuenta de ahorros. No tenía ni siquiera una idea aproximada de cuánto gastaba al mes en comida o transporte público. Me resultaba imposible calcular un presupuesto mensual para emergencias o trazar un plan para poder dejar mi trabajo. Así fue como descubrí que llevar un control de ingresos y gastos te hace libre.

¿Odias los números? No te preocupes, los números tampoco son lo mío. Pero gracias a este sistema, ahora me resulta fácil y rápido llevar mis cuentas al día, e incluso me divierte. Es un sistema muy básico, pero me permite saber al céntimo lo que ingreso, lo que gasto y en qué.

Apunta todos tus gastos en el momento de pagar. Lo más efectivo es utilizar una aplicación en el móvil que te permita tomar nota inmediatamente y, en pocos segundos, te ayude a organizar los gastos por categorías y te facilite la tarea a la hora de hacer las cuentas. Con la práctica, se convierte en un hábito automático que no cuesta ningún esfuerzo. (Yo utilizo la app Wally.)

Crea una hoja de cálculo para llevar tus cuentas mensuales con la fórmula que prefieras, pero asegúrate de que sea muy simple. Puedes descargar la plantilla que utilizo yo en <www.minimalistamente.com/recursos>

Una vez al mes, pasa todos los datos a la hoja de cálculo y revisa el balance. Compáralo con los meses anteriores y traza un pequeño presupuesto para el mes siguiente.

Acostúmbrate a echar un vistazo a tu cuenta bancaria al menos una vez a la semana, aunque no haya movimientos nuevos; simplemente para comprobar que todo está en orden y ser consciente de tu situación.

La sociedad de consumo nos arrastra a comprar descontroladamente cosas que no necesitamos con la promesa de que nos sentiremos más exitosos y más felices, aunque todos sabemos que no es verdad. Si no tenemos claro lo que queremos hacer con nuestro dinero, es probable que acabemos malgastándolo en cualquier cosa. Por eso es de gran ayuda establecer prioridades a la hora de gastarlo.

Haz una lista de las necesidades básicas que debes cubrir: vivienda, comida, salud, etc. Incluye también aquellas cosas que, aunque no sean estrictamente necesarias, realmente te facilitan la vida, te hacen disfrutar y te acercan a tu propósito, como la cuota de tu club de tenis o un nuevo objetivo para tu cámara de fotos. A la hora de sacar la cartera, ten siempre en mente tu lista de prioridades para tomar decisiones inteligentes.

Asegúrate de que tus prioridades estén siempre cubiertas haciendo un presupuesto mensual. Tener unas cifras aproximadas te ayudará a tomar decisiones clave en tu vida, como qué trabajo elegir o qué vivienda buscar. Cuando yo descubrí el presupuesto tan minúsculo que necesito para vivir decentemente, decidí que no me compensaba comprometer mi libertad y mi realización personal a cambio de un sueldo fijo. Nos educan para ganar cuanto más mejor, pero por mucho que ganemos, nunca parece bastante, porque no sabemos cuánto necesitamos en realidad, cuánto es suficiente. En vez de plantearnos la vida que queremos y calcular la cifra que nos hará falta, nos construimos el estilo de vida más lujoso que nuestros ingresos nos permiten, lo que nos incita a gastar cada vez más. Cuando nos queremos dar cuenta, nuestros gastos superan nuestros ingresos y ya no nos quedan recursos para realizar los proyectos que soñamos.

Cuando llevas un control de gastos e ingresos, resulta fácil hacer un presupuesto mensual. Los gastos fijos te pueden dar una idea de tus gastos básicos, y los variables te ayudan a calcular el margen que debes dejar para imprevistos y otros gastos puntuales. Te puedes guiar por la fórmula del 50/30/20 que dice que el 50 por ciento de tus ingresos deberían ir a tus necesidades básicas, el 30 por ciento a gastos personales extra, y el 20 por ciento a tus ahorros. Aunque no siempre es realista, como orientación me parece útil. En cualquier caso, asegúrate de que tu presupuesto se adapta a tus ingresos.

No debes poner el foco en gastar menos, sino en los objetivos que quieres alcanzar, ya sea eliminar deudas, poder dejar un trabajo o ahorrar para un determinado proyecto o compra. Muchas veces necesitarás reducir gastos como medio para conseguir estos objetivos. Utilizando la hoja de control de gastos, podrás identificar fácilmente los gastos que no compensan, o incluso descubrir gastos inútiles de los que no eras consciente (a mí me pasaba). Guíate por tu lista de prioridades y elimina gastos innecesarios, aunque sea de forma temporal.

Ideas para reducir gastos

• Deshacerse del exceso de cosas. Cuantas más cosas tienes, más cosas necesitas y más gastas. Tener menos cosas te ahorra gastar en complementos, reparaciones o mantenimiento. Y como necesitas mucho menos espacio de almacenamiento, te puede incluso ahorrar gastos de vivienda.

• Invertir en calidad. A la larga, lo barato es caro. Comprar cosas de mala calidad que se estropean y no te gustan te cuesta mucho más dinero con el tiempo.

• Alquilar en vez de comprar. Vivienda, coche, ropa, herramientas, mobiliario, equipamiento... Haz cuentas para averiguar qué te resulta más rentable y piensa en los gastos de mantenimiento que te ahorras, además de molestias y preocupaciones.

No solo te ayuda a reducir el gasto de alquiler o hipoteca, sino también todos los gastos asociados a una vivienda. El minimalismo te permite vivir cómodo en menos espacio, y el ahorro podría permitirte un cambio de vida.

No solo te puede ahorrar gastos, sino que podrías incluso llegar a los sitios más rápido y de mejor humor. Puedes aprovechar el trayecto para leer o realizar cualquier otra actividad, hasta para hacer deporte, si vas en bici.

Te ahorrarás mucho dinero y tu salud te lo agradecerá. Puedes preparar también tu almuerzo para llevar al trabajo.

Una colección de pocas prendas bien escogidas y de calidad, que combinen entre sí y no pasen de moda, te ahorra mucho dinero en ropa y te hace más elegante.

Evita las compras impulsivas saliendo siempre con una lista e informándote de antemano. Presta atención a los pequeños gastos cotidianos que, aunque puedan parecer insignificantes, al final suman.

Teléfono, internet, TV, *streaming*, programas informáticos... A menudo nos venden paquetes de servicios más grandes de lo que necesitamos. Date de baja de los servicios que no utilices.

Hay muchísimas cosas que puedes conseguir en buen estado de segunda mano. Ahorrarás dinero y ayudarás al medio ambiente.

El minimalismo no tiene sentido si te hace sentir escasez; recortar gastos no debería resultar doloroso. Todas estas formas de recortar gastos suponen una ventaja más allá de lo económico, y si lo juntas con una buena motivación y unos objetivos concretos, no lo experimentarás como un sacrificio. Yo conseguí reducir mis gastos a menos de la mitad cuando me propuse dejar mi trabajo, y lo hice sin sufrimiento, porque el premio era enorme.

5. Colchón de ahorros

Una de las mejores cosas que puedes hacer cuando reduces gastos es construir un colchón de ahorros que te dé seguridad en todo momento, por si surge cualquier emergencia. Este colchón también te da libertad y te permite asumir riesgos en caso de querer cambiar tu situación laboral. Estos ahorros te deberían permitir vivir entre seis y doce meses sin ingresos; pero no debes verlo como un dinero del que dispones, pues su misión es darte seguridad y, en principio, no hay que tocarlo nunca, salvo en caso de emergencia real, como un salvavidas.

Un truco para ahorrar más rápido: no ahorrar lo que te queda después de gastar, sino gastar lo que te queda después de ahorrar.

6. Eliminar deudas

Las deudas te quitan el sueño y te fastidian el presupuesto; por eso la primera prioridad tiene que ser liberarte cuanto antes de tus deudas, si las tienes (exceptuando las «deudas buenas» o inversiones). Aunque dé miedo, merece la pena hacer números y cobrar realmente conciencia de la situación. Traza un plan de acción y pide asesoramiento si no sabes cómo hacerlo.

Evita la trampa de pagar a crédito o a plazos, a menos que sea estrictamente necesario. Ahorra y espera a tener el dinero al contado para comprar las cosas que quieres. Harás compras más inteligentes y, a la larga, ahorrarás mucho dinero si únicamente gastas el que tienes. La tranquilidad de no deberle nada a nadie... ¡Eso sí que no tiene precio!

Diciembre es un buen momento para hacer balance y establecer objetivos para el nuevo año, y para el futuro en general. Es de gran ayuda tomarse un rato para reflexionar y poner en papel nuestros objetivos a medio/largo plazo y las cifras que necesitamos para realizarlos. Esto te servirá para adquirir claridad y trazar un plan de acción para conseguir el dinero que te haga falta. En caso de que tengas un excedente, te ayudará a invertirlo sabiamente.

Este plan no tiene que ser detallado ni estricto, pero es importante tener una idea general de hacia dónde nos dirigimos, porque sin objetivos claros, lo más probable es que el dinero se nos vaya escapando sin que sepamos bien dónde ha ido.

14.
Wanderlust

*Deambulo sola por las calles de París mientras
hago tiempo hasta la salida de mi autobús a
Bayona. Me preocupa tener algún percance y no
poder llegar a mi destino, siento el miedo a lo
desconocido. Es casi media noche y voy atenta
a todo lo que se mueve a mi alrededor porque
me han dicho que París es una ciudad peligrosa,
pero lo más preocupante que he visto hasta ahora
han sido dos ratas debajo de un contenedor.
Llego a la estación temprano, me siento en
el bordillo de la dársena a comer un bocadillo
junto a mi autobús y me invade una intensa
sensación de libertad. Subo al autobús y encuentro
mi sitio junto a un señor que resulta ser un
simpático camionero francés. Charlamos sobre
música y viajes hasta que me quedo dormida.*

$$\mathcal{SSSSSS}$$

anderlust es una palabra alemana que describe «el fuerte
deseo de recorrer y explorar el mundo». El que ha sentido de verdad el *Wanderlust* sabe que es una fiebre
que nunca se cura.

Como violinista profesional, he tenido la fortuna de viajar a muchos lugares del mundo. Siempre me gustó viajar, me encanta la emoción de preparar la maleta, los aeropuertos, llegar a sitios nuevos y desconocidos. Sin embargo, los viajes de gira con la orquesta no dejaban de ser viajes agotadores de trabajo, en los que todo estaba organizado y yo solo tenía que dejarme llevar. Vuelo, hotel, concierto y vuelta a empezar. ¡Cuántas veces me he bajado de un avión sin saber muy bien dónde estaba! Era divertido, pero después de dejar mi trabajo empecé a viajar de una forma muy diferente, y fue entonces cuando la magia de los viajes me enganchó para siempre.

Internet está inundado de blogs de viajes, la moda furgonetera está en pleno auge y el precio cada vez más accesible de los vuelos *low cost* está animando a las masas a salir a explorar el mundo. Si preguntas a un grupo de personas qué harían si les tocara la lotería, el 80 por ciento dirían que viajar. ¿Por qué nos fascina tanto? Está genial ir de vacaciones, ver sitios nuevos y hacer fotos bonitas... pero hay algo más.

Más o menos conscientemente, muchos sentimos el deseo de viajar para alejarnos de nuestra rutina diaria y de nuestros problemas. Mientras estamos por ahí perdidos, nos podemos permitir una pausa, despreocuparnos temporalmente y disfrutar del aquí y el ahora. Pero ¡ay! Cuando volvemos a casa, nos encontramos con todos los problemas que nos esperan, de ahí la famosa depresión posvacacional. Además, con los smartphones es cada vez más difícil desconectar de las preocupaciones, incluso cuando te vas de viaje. El que viaja para relajarse, probablemente, no ha entendido el concepto.

Yo, para relajarme, me voy a la sauna o a pasear por el bosque, pero no emprendo un viaje.

La verdadera razón por la que tantas personas nos obsesionamos con viajar es el gran aprendizaje que nos aporta. Sabemos que salimos de casa siendo una persona y volvemos siendo otra. Nos traemos todas las experiencias que hemos vivido y que ya son parte de nosotros. Son viajes de autodescubrimiento en los que exploramos nuestros límites, nos ponemos a prueba enfrentándonos a lo desconocido y a nuestros miedos. Esto es maravilloso, ¡pero no precisamente relajante!

El secreto para hacer de un viaje una experiencia inolvidable es tener claro desde el principio qué es lo que queremos exactamente. Una vez más, todo empieza por observar y tomar conciencia. Hay muchas formas diferentes de viajar y todas son interesantes a su manera, pero para asegurarnos de que el viaje sea un éxito y nos aporte el mayor aprendizaje posible, deberemos tener en cuenta mucho más que el presupuesto y el tiempo del que disponemos. ¿Qué es lo que hará que la experiencia sea inolvidable? ¿Cómo quieres sentirte durante el viaje? ¿Con quién quieres compartirlo? ¿Cuál es la actividad que más vas a disfrutar? ¿Qué lugares quieres visitar sin lugar a dudas y por qué? Los viajes son siempre imprevisibles, pero si tenemos muy claro lo que realmente pretendemos del viaje, todos los detalles serán

Wanderlust

secundarios, ya que lo imprescindible estará asegurado. Por ejemplo, estos son para mí los puntos imprescindibles que debe tener un viaje:

- El objetivo principal es siempre conectar con personas, ya sea con las que me acompañan o con gente que conozca durante el viaje.
- Experimentar la cultura local, mimetizándome con el entorno y evitando rutas turísticas.
- Llevar un plan flexible para no tener prisas y poder improvisar en función de lo que se presente.

Teniendo esto en cuenta, el tipo de viaje que mejor se adapta a mis necesidades es el de estilo mochilero. Los mochileros tienen mucho de minimalistas: viajan ligeros de equipaje para tener más libertad, se centran en vivir experiencias y no tanto en visitar muchos sitios, y tienen una gran capacidad de adaptación e improvisación. Viajar a lo mochilero es la mayor sensación de libertad que conozco.

EQUIPAJE

Independientemente de si viajas al estilo mochilero o no, ir ligero de equipaje siempre es una ventaja y te da libertad. Vas mucho más cómodo sin tener que arrastrar pesadas maletas ni preocuparte de vigilarlas, te ahorras dinero de facturación en aviones y consignas, te concentras más en las experiencias y menos en tus pertenencias. El número de cosas que llevas es lo de menos. El objetivo de un equipaje minimalista es que seas capaz de manejarlo con facilidad, que pese poco, que se pueda meter en la cabina de los aviones y que se pueda armar y desarmar con rapidez y comodidad.

Hacer un equipaje minimalista es un aprendizaje en sí, porque supone desprenderse de falsas necesidades e identificar las verdaderas. Es una buena lección de autoconocimiento. Cuando llevas a la espalda todo lo que necesitas para sentirte feliz, sabes que el mundo entero está a tu disposición y sientes que tu hogar está donde plantas tu mochila. Puedes ir a cualquier parte sin preocuparte de cómo serán las circunstancias, de si surgen imprevistos. Te vuelves flexible y te adaptas a la situación, fluyes con la vida que te rodea. Está claro que cuando llevas tan poquito contigo, a veces te hacen falta cosas que no tienes, y entonces es cuando descubres que todo lo que necesitas lo encontrarás por el camino, llegará a ti de alguna manera. Cuando viajas con lo imprescindible, le estás diciendo a la vida que confías en ella, y cuando confiamos en la vida, ocurren cosas maravillosas.

Es más cómoda que una maleta, porque te libera las manos y te permite más movilidad. Debería ser lo suficientemente pequeña y ligera para que no sea un problema llevarla a la espalda durante horas. (40 litros me parecen un buen tamaño para la mayoría de los viajes, pero es muy personal.) Merece la pena invertir en una buena mochila que sea realmente cómoda.

Lleva muy poquita ropa y lávala por el camino. Elige prendas de materiales que no se arruguen y se sequen rápido. La ropa deportiva es ideal porque suele secarse rápido, abulta y pesa poco, y es comodísima. Elige prendas combinables entre sí para no tener que preocuparte de qué ponerte. Utiliza el «look cebolla», o sea, combinar capas de ropa para que las mismas prendas te sirvan en diferentes condiciones climáticas.

Bolsa de aseo. Necesitas muy poquito para ir bien aseado y decente. No tienes que ir arreglado como si fueras a una boda, céntrate en la experiencia y no te preocupes demasiado por tu aspecto. Los viajes son una estupenda oportunidad para experimentar un cuidado personal más simple, con menos productos y hacer las paces con tu imagen natural.

Utiliza *packing cubes* o bolsitas de tela para mantener tu mochila bien organizada y aprovechar mejor el espacio.

Lleva un pequeño bolso de mano o riñonera para poder dejar tu mochila en el alojamiento y salir más cómodo a explorar. También es práctico llevar una bolsa de tela para, entre otras cosas, ir al supermercado.

Siempre es útil llevar un pañuelo grande o *sarong* que puede servir para múltiples usos, como abrigarte si hace frío, hacer un picnic en el prado, protegerte del sol, usarlo como toalla...

Objetos de valor. Evita llevar cosas de valor para ir tranquilo y no tener que preocuparte de perderlas o que te las roben.

Evita el exceso. Mejor llevar de menos que de más. Si te falta algo importante, siempre lo podrás conseguir por el camino; pero si llevas de más, te verás obligado a cargar con ello durante todo el viaje.

Renuncia a los típicos recuerdos y regalitos turísticos. No solo ahorrarás espacio en la mochila, sino también dinero, tiempo y preocupaciones. Tu familia sabrá entenderlo y apreciarán mucho más que te tomes el tiempo y el cariño de hacerles un pase de fotos relatándoles toda tu aventura, por ejemplo.

Mi primer viaje mochilero fue al Camino de Santiago. Dado que tenía la intención de caminar unos 25 kilómetros diarios durante dos semanas, tuve que reducir mi equipaje a la mínima expresión, y ese fue mi primer equipaje minimalista, que me impactó profundamente. Los peregrinos tienen la costumbre de dejar en los albergues lo que ya no necesitan y aprovechar las cosas que otros han dejado en un continuo intercambio que te provee de todo lo que puedas necesitar a lo largo del camino. Era una sensación maravillosa, lo tenía todo, aunque no tenía casi nada. Supe que mi futuro iba a estar lleno de viajes.

Cuando dejé mi trabajo, gané libertad para viajar por mi cuenta, pero perdí mi fuente de ingresos. Así que tuve que hacer algunos malabarismos para poder permitirme viajar mientras buscaba nuevas formas de generarlos. He aprendido muchos trucos para viajar con un reducido presupuesto. Sin embargo, hay que decir que viajar ligero y minimalistamente no siempre significa gastar lo mínimo posible, comer mal, dormir en alojamientos de dudosa reputación y, básicamente, ser un hippy (lo que quiera que eso signifique). Como ya hemos visto, el minimalismo no va de gastar poco, sino de gastar bien. Si tienes el presupuesto para un viaje más lujoso, con más comodidades y es lo que deseas, ¡perfecto! Ahora bien, el dinero no debería ser una excusa para no viajar. Incluso cuando tus recursos son escasos, si realmente tu *Wanderlust* es auténtico, siempre encuentras una forma de hacerlo.

Estar abierto a imprevistos y a cambiar de plan es la primera condición para viajar gastando poco. Buenas dosis de paciencia y estar dispuesto a renunciar a la máxima comodidad también te ahorrarán mucho dinero.

Nunca hay que menospreciar las aventuras que te esperan a la vuelta de la esquina. No hace falta irse a la otra punta del mundo, ni gastar mucho en transporte. Incluso si no tienes nada de presupuesto, siempre puedes agarrar la bici y empezar a recorrer kilómetros o echar a andar.

Vuelos. Cuanto más flexible seas en tus fechas y en tus destinos, más fácil será encontrar buenos precios. Utiliza herramientas de búsqueda como <www.skyscanner.com> para encontrar ofertas y averiguar qué líneas te convienen. Busca vuelos baratos a donde sea, el destino no es tan importante.

Suele ser el medio de transporte más barato y tiene ciertas ventajas. Tardas más tiempo, pero te permite disfrutar del paisaje y llevarte una impresión de los lugares por los que pasas. Puedes hacer viajes largos por etapas, visitando lugares en cada parada, o tomar un bus nocturno y, de paso, ahorrarte una noche de alojamiento.

Lleva siempre un pequeño kit de cubiertos y un tupper, y compra comida en los supermercados. No solo es más barato, también es más sano y te da más independencia. Evita los restaurantes turísticos y pregunta a la gente local por los sitios donde van ellos, que serán más buenos, baratos y también una experiencia más auténtica.

Hay muchas opciones más baratas que un hotel. Camping, Airbnb, Couchsurfing, hostales de mochileros... Incluso, echándole simpatía y ofreciendo ayuda, puedes conseguir alojamiento gratis en casa de amigos. Es muy divertido y te permite conocer a gente interesante, cosa que es fantástico, especialmente cuando viajas solo. También es una forma de vivir más de cerca la cultura de los lugares que visitas.

No me refiero solo a trabajar desde tu ordenador, sino a buscar alojamiento y comida a cambio de echar una mano. Hay opciones como WWOOF, Workaway o Housesitting, que ofrecen multitud de oportunidades.

Tener acceso a internet durante el viaje te puede ayudar a encontrar locales interesantes y buenas ofertas. Compra una tarjeta SIM local cuando llegues a tu destino para ahorrarte costes de roaming y tener datos móviles en tu teléfono. También dispondrás de conexión wifi gratuita en la mayoría de alojamientos, cafeterías, bibliotecas y aeropuertos.

Viajar con bajo presupuesto es realmente divertido, hace que el viaje sea mágico y aventurero y, probablemente, es la mejor forma de mezclarte con la gente local y experimentar la verdadera cultura de los sitios que visitas. Yo viajo con poco presupuesto porque, aunque no lo necesite, disfruto más y me siento menos turista. Son viajes que me cambian por dentro, y escribir estas líneas me produce ahora mismo un fuerte deseo de salir de nuevo a explorar el mundo.

En fin, mi *Wanderlust* es profundo y no podía dejar de incluir los viajes en este libro, pero está claro que no todo minimalista tiene que compartir el amor por viajar.

A menudo se relaciona el minimalismo con los nómadas digitales o con los mochileros porque son, con frecuencia, los mejores ejemplos de minimalismo ya que deben ir ligeros de equipaje para poder sostener su estilo de vida y moverse con comodidad por el mundo. Pero, aunque no es necesario viajar para ser minimalista, los dos temas están fuertemente relacionados. Muchas personas entran en contacto con el minimalismo durante un viaje, y otras consiguen cumplir su sueño de viajar gracias al minimalismo. Cuando te planteas un viaje largo con muchos desplazamientos, simplificar se convierte en una necesidad, lo cual, luego, durante el viaje, te permite constatar lo poco que necesitas en realidad en tu día a día y apreciar la libertad que se siente cuando vas ligero de equipaje. No es raro que, después de una experiencia así, al volver a casa te sientas abrumado por la cantidad de cosas acumuladas, el desorden, el sinsentido, y sientas que tu vida ya no es la misma. Tus valores han cambiado, ahora eres más consciente de lo que te hace feliz y quieres tener esa sensación de ligereza todos los días de tu vida, no solamente cuando viajas.

Los que se interesan por el minimalismo suelen ser personas que están en un proceso de transformación personal, de búsqueda interior de sí mismos, y ¡qué mejor forma de conocerse uno mismo que viajar! Viajar te obliga a salir de tu zona de confort, pues siempre es un reto abandonar la comodidad de tu casa, tus rutinas y tu mundo conocido.

Da igual cuántas veces lo haya hecho, cada vez que voy a emprender un viaje, por muchas ganas que tenga, unos días antes siento una pereza enorme y me entra el miedo. Me estresa el hecho de tener que prepararlo todo y me preocupa que algo pueda ir mal. De repente, me entran todas las inseguridades. El día antes de mi viaje a Marruecos me entró fiebre y vómitos, me puse malísima de puros nervios, pero en cuanto me vi en la puerta de embarque del avión, el miedo se esfumó y sencillamente la aventura estaba ocurriendo. Si superas ese miedo a lo desconocido y logras ponerte en marcha, en cuanto sales de casa sientes una fuerza misteriosa que te provoca un auténtico subidón, y cuando regresas te das cuenta de que te has hecho más fuerte.

Cuando te acostumbras a vivir fuera de tu zona de confort, ya nada puede detenerte. Sabes que eres capaz de afrontar cualquier imprevisto y aquello desconocido que te esperan. Vas perdiendo el miedo y te mueves con más seguridad por el mundo. Cuando viajas como un minimalista, sabes que todo es posible, y esa sensación te acompaña a casa al final de la aventura.

VIAJAR LENTO

Viajar minimalistamente es mucho más que ir ligero de equipaje o ahorrar dinero. Para mí significa viajar lento, ir sin prisas y estar siempre abierto a las oportunidades y sorpresas inesperadas que el viaje me ofrece. Los viajes organizados son cómodos porque no tienes que preocuparte de nada y pueden tener ciertas ventajas, pero yo prefiero renunciar a la comodidad y poner el foco en vivir experiencias nuevas, sin preocuparme tanto por planear el recorrido y ver cuantas más cosas mejor.

Lleva un cierto tiempo aclimatarse a un lugar nuevo y empezar a captar el espíritu de la vida local, que es algo fascinante y que nos perdemos cuando vamos con un horario. Al viajar con un plan preestablecido, dejamos que el reloj guíe nuestra experiencia; mientras que cuando viajamos de forma pausada, nos dejamos guiar por nuestros sentidos y nos permitimos apreciar esas maravillas que solo se nos desvelan cuando nos damos el tiempo suficiente para dejar de ser simples turistas y conectar con un lugar. Incluso si acabo permaneciendo todo el viaje en el mismo sitio, para mí es mucho más valioso sumergirme en las sensaciones que me evoca un lugar que no hacerme el selfie de turno en veinte sitios famosos y no haber asimilado nada de la experiencia.

El viajero lento trata de integrarse en la vida local y pasar desapercibido. No le importa cambiar de plan y nunca va con prisas. Está dispuesto a perderse y disfruta prescindiendo de mapas y dejándose llevar por su intuición para descubrir esos rinconcitos del mundo que no salen en las guías turísticas y son verdaderos tesoros. Prefiere desplazarse a pie siempre que sea posible, pues sabe que es la mejor manera de conocer y sentir un lugar, dándose tiempo para respirar cada pequeño detalle.

Para poder viajar de esta manera contemplativa y flexible debemos elegir con mucho cuidado la compañía. Por algún motivo, las relaciones se vuelven especialmente intensas cuando estamos de viaje, y eso puede dar lugar tanto a amistades muy profundas como a complicados roces. Me encanta viajar acompañada, y tengo la suerte de contar con estupendos compañeros de aventuras, pero la experiencia de viajar sola es otro nivel de aprendizaje y autoconocimiento, pues te obliga a salir por completo de tu zona de confort.

Cuando viajas con personas conocidas, de alguna manera sigues interpretando el papel de la persona que eres en esas relaciones;

siempre te apoyas en ese vínculo conocido. Sin embargo, viajar solo te permite reinventarte. Cuando estás entre desconocidos en un entorno nuevo, puedes ser quien tú quieras. Nadie te conoce, nadie te juzga, puedes empezar desde cero y explorar nuevas caras de tu personalidad sin miedo. Yo, que he sufrido mucho de ansiedad social y me he sentido observada y juzgada, encuentro una liberación indescriptible en el hecho de viajar sola. He descubierto facetas de mí misma que reprimía por miedo a la opinión de otros y que nunca me habría atrevido a explorar en presencia de mis conocidos. Así he reforzado mi autoconfianza.

Viajando sola he aprendido a superar muchos temores, a base de enfrentarme al miedo y obligarme de todas formas a hacer lo que tuviese que hacer. El miedo de no ser capaz de desenvolverme por mí misma, y uno de los miedos más profundos que una persona pueda tener: el miedo de quedarme sola. Gracias a estas experiencias, sé que nunca estamos solos en realidad. Desde el aislamiento en nuestra casa, tendemos a pensar que, ahí fuera, el mundo es peligroso y las personas hostiles, pero viajar me ha enseñado que, cuando vas con la mente abierta y el corazón en la mano, siempre encuentras a personas que te ayudan, te apoyan y te dan cariño, traspasando todas las barreras del idioma y la cultura, de alma a alma. De hecho, nunca me he sentido amenazada como mujer joven viajando sola. Por el contrario, encuentro que la gente tiene un instinto protector natural hacia las mujeres que vamos solas. He aprendido a confiar en la bondad de los desconocidos y en la vida. El mundo nos trata como nosotros tratamos al mundo, y cuando desprendes amabilidad, el mundo te trata con amabilidad.

Al final, lo más importante es el contacto espiritual con otros seres humanos. Los sitios que visitas se te van olvidando con el tiempo, pero lo que jamás olvidas de los viajes son los momentos compartidos con personas especiales. Cuando pienso en cada uno de los viajes que he hecho, veo caras de personas y siento amor.

15.
Hablar con la Pachamama

Reviso el parte meteorológico para mañana.
Estoy muy quemada y necesito salir de aquí.
Meto en la mochila una muda de ropa, algo de
comida y una botella de agua. Me levanto a las cinco
de la madrugada y camino a la estación de tren.
A la hora del desayuno estoy ya en los Alpes Bávaros
subiendo montañas. Camino sola y en silencio,
respirando el aroma del bosque húmedo.
Cuando llego a la cima, me detengo a hacer un
pequeño tentempié. Mis problemas se me antojan
ahora ridículos mientras observo las majestuosas
cadenas montañosas a mis pies. El viento me susurra
historias ancestrales al oído y casi puedo sentir el latir
de la tierra bajo mis pies descalzos.

os incas la llamaban Pachamama, los griegos Gaia y otros la llaman Madre Tierra. Desde tiempos muy antiguos, el ser humano se ha referido a nuestro planeta y su naturaleza como una diosa maternal y protectora. Mucho antes de conocer la idea de Pachamama, recuerdo vivamente haberme comunicado en mi niñez con una fuerza bondadosa que regía todos los elementos y todas las criaturas. Mi hermana y yo pasábamos largas tardes en el jardín recogiendo plantitas y preparando elaboradas pócimas y remedios herbales que servían para sanar los árboles, controlar plagas, alejar la mala suerte o quitar las penas del alma. A veces hacíamos rituales para saludar a la luna o celebrar la primavera. Todo esto formaba parte de nuestros juegos infantiles y ya no recuerdo de dónde salían estas ideas, pero ahora, desde la perspectiva adulta, me resultan fascinantes.

Como buen amante de la naturaleza, mi padre nos llevaba con frecuencia al campo, a pasar el día subiendo montañas, cavando en la arena, trepando a lo alto de los árboles, cazando bichos, bañándonos en el río o haciendo cabañas en el bosque. Nos enseñaba los nombres de los árboles y los pájaros, a orientarnos en los senderos, a amar y respetar la fauna y la flora. Son los recuerdos más bonitos que tengo de mi infancia. Estaba completamente conectada con la tierra y con las estaciones, me sentía parte de un ecosistema mágico. Pero fui creciendo y llegaron los estudios, las obligaciones, los problemas, la televisión... Papá ya no estaba allí para llevarme al monte los fines de semana. Nuestras excursiones se limitaron a las vacaciones.

Durante los años que trabajé en la orquesta, tuve el privilegio de vivir literalmente en la margen de un bosque. Podía salir de casa, cruzar la carretera y perderme durante horas entre hayas y pinos, pero siempre estaba demasiado cansada o simplemente no tenía tiempo para hacerlo. No fue hasta los últimos meses de vivir allí, antes de dejar mi trabajo y mi casa, cuando me aficioné a dar largos paseos por el bosque y descubrí cómo eso me ayudaba a superar mi depresión. Me sacaba de mi círculo de pensamientos negativos, en el bosque siempre me sentía bien. Me quedaba sentada debajo de un árbol escuchando la serenata vespertina de pajaritos hasta que se hacía oscuro y regresaba a casa con el corazón contento.

Las ciudades se han inventado por un buen motivo: son cómodas, son seguras (o eso se supone), tienen una infraestructura que nos permite despreocuparnos de la supervivencia y centrarnos en labores creativas. Sí, son muchas las ventajas, pero ¿a qué precio? Un mirlo no está hecho para vivir en una jaula, un pez no está hecho para vivir en una pecera, y los humanos no estamos hechos para vivir en una jungla de asfalto. Nos parece lo más natural porque es lo que conocemos; es más, nos encantan las ciudades. Sin embargo, con el paso de los años, muchos vamos enfermando y entristecemos, nos preguntamos desconcertados cuál es el sentido de nuestra existencia y algunos incluso perdemos las ganas de seguir viviendo.

Nos alucina la capacidad de los animales para orientarse en migraciones a través de los mares o construir sus propias madrigueras solamente con su instinto. ¿Alguna vez has observado una araña tejiendo su tela? Me resulta inexplicable. Como especie, los seres humanos hemos desarrollado increíblemente el intelecto, pero nuestros instintos se han atrofiado, pues ya no los necesitamos para sobrevivir. No obstante, los seguimos teniendo, y los podemos observar claramente en los niños pequeños cuando juegan a hacer casitas, por ejemplo. La gente del campo y las tribus indígenas que viven en contacto con la tierra, todavía conservan su sabiduría natural y tienen capacidades que a los urbanitas nos parecen casi sobrehumanas. Los habitantes de las ciudades nos sentimos desamparados si no tenemos un centro comercial a la vuelta de la esquina, y sentimos temor cuando nos encontramos solos o cuando se hace de noche. Nos escondemos del sol y de la lluvia, y nos encerramos en nuestras casas a mirar una pantalla.

Imagino un tigre nacido en un zoológico, acostumbrado a su triste ecosistema artificial amurallado y entrenado para entretener al público dando saltitos ridículos a cambio de unas piltrafas de carne. Todos sus instintos naturales están dormidos, pero siguen estando presentes en su ADN, gritándole que toda su vida es una incoherencia, provocándole comportamientos neuróticos con el tiempo. Nosotros nos autoconfinamos en las ciudades e interpretamos a diario el papel que la sociedad nos exige a cambio de dinero y reconocimiento, hasta perder por completo nuestra majestuosa esencia. En el fondo, sentimos que algo no cuadra, tenemos esa sensación vaga de que no somos lo que deberíamos ser. Hemos olvidado por completo cuál es nuestro ecosistema, nuestro estado natural, y creo que este es el origen de muchas depresiones y neurosis.

EL BENEFICIO DEL CONTACTO CON LA NATURALEZA

La naturaleza ilustra a la perfección lo que significa el minimalismo para mí. Es esencia pura, no sobra ni falta nada. En un ecosistema sano, cada elemento se relaciona con los demás en un equilibrio perfecto y todos sirven a un propósito común. En la naturaleza, todas las criaturas viven simplemente siendo lo que son. Los árboles no tienen que esforzarse para crecer, los pajaritos no tienen que buscar un empleo para ganarse el derecho a alimentarse y cobijarse, ningún ser vivo del bosque se pregunta por el sentido de su vida ni se preocupa por su futuro. La Pachamama les provee de todo lo que necesitan y, en realidad, a nosotros también, porque seguimos siendo hijos de la naturaleza, solo que hemos roto el equilibrio de nuestro ecosistema dándole la espalda a nuestra Madre Tierra.

Vivir minimalistamente es identificar lo esencial y liberarnos de lo que estorba. Pues bien, al fundirnos con la naturaleza entendemos que el mundo inventado por los humanos —la tecnología, las ciudades, los transportes, los roles sociales, la política, la economía...— es en último término accesorio, innecesario para la felicidad. Si omites las exigencias de la sociedad, te das cuenta de que lo realmente importante no es tu dinero, tu ropa o tu aspecto, tus títulos o lo que otros piensan de ti. Lo que de verdad importa es estar sano y sentirte realizado y en conexión con las personas que amas.

Con esto no quiero decir que debamos irnos a vivir a la jungla con un taparrabos. Podemos perfectamente seguir formando parte de la sociedad y disfrutar de sus ventajas, pero con otra perspectiva, entendiendo que todo esto es un juego que nos hemos inventado, que no es nuestra esencia, que no lo necesitamos, y que nada de todo esto es tan importante. Esto es lo que el bosque me susurra al oído cada vez que paseo en silencio sobre las hojas secas, cada vez que me siento debajo de un árbol y respiro el aroma de la tierra húmeda. Entonces veo lo absurdo de todas las exigencias que me impongo a mí misma.

En el bosque no hay normas sociales, ni pretensión de ser diferente, no hay obsesión por tener más, ni miedo de perder algo, ni tampoco hay prisas. Animales y plantas están perfectamente sincronizados con los ciclos naturales y fluyen con ellos. El sol guía su horario, las estaciones marcan sus actividades y comportamientos. Los animalitos tienen que luchar para sobrevivir al invierno y a los depredadores, pero lo hacen sin preocupación, guiados por su fuerte instinto de supervivencia. Esto es minimalismo mental en modo extremo: no pierden tiempo ni energía con distracciones inútiles, están completamente centrados en el momento presente, mientras nosotros estamos demasiado dolidos por el pasado y preocupados por el futuro como para disfrutar del presente.

La naturaleza es una lección de humildad, es recordar que el universo no gira a tu alrededor y que tu vida es efímera, y al mismo tiempo, que tienes un propósito. Es quitarte capas de roles sociales y reencontrarte con tu verdadero yo.

Cuando estuve en Tailandia, asistí a un evento de *Forest Therapy* que ofreció mi amiga Kelsea. Nos introdujimos en el bosque en silencio, caminando descalzos por el cauce de un río hasta llegar a un remanso donde cada uno buscó un sitio para sentarse a meditar o hablar con la Pachamama. Esta actividad, que en español llaman «baño de bosque», consiste en sumergirse en cualquier espacio natural con el objetivo consciente de sanar cuerpo, mente y espíritu. Caminas lentamente por el bosque tomándote el tiempo necesario para absorber la naturaleza a través de todos tus sentidos.

Pero no es necesario participar en una de estas actividades organizadas. Cualquiera puede beneficiarse de un buen paseo para emparse de naturaleza y fortalecer su salud a todos los niveles:

Sumergirte en el bosque te anima a llevar un estilo de vida más saludable en general. Una salida al campo suele implicar movimiento físico, ya sea caminar o hacer algún deporte. También, al respirar aire puro, te recargas con la energía de la tierra y te expones a la luz natural, de la que la mayoría sufrimos grave carencia. Un buen paseo por el bosque reduce el estrés, vuelves a casa mucho más relajado, físicamente cansado, pero lleno de buena energía, y esto te hace dormir como un bebé.

Los espacios naturales son el mejor lugar para practicar la observación de tu mente, que es el primer paso para tomar el control de tu vida. En la paz y el silencio del campo se reduce el ritmo frenético de tus pensamientos y puedes volver al momento presente. Esto es importantísimo para prevenir la depresión. Además, la naturaleza desarrolla tu creatividad y te hace sentir más motivado y seguro de ti mismo.

Yo digo que el bosque es mi templo porque es el lugar donde más conectada me siento con esta fuerza superior tan difícil de definir con palabras pero que todos sentimos de una forma u otra. Todos somos seres espirituales, aunque no seamos religiosos, y todos necesitamos entender el sentido y propósito de nuestra vida. En la naturaleza es donde más claramente percibimos la esencia de la vida y de nosotros mismos.

Cuando me siento en el suelo del bosque y las voces de mi cabeza se reducen, si tengo paciencia y presto atención, la Pachamama me habla y me da mensajes de sabiduría, me da consejo y guía, me llena de inspiración y creatividad. Sentarme debajo de un árbol es la mejor manera de encontrar respuestas cuando tengo un problema o una duda vital.

¿Y si no puedo ir al bosque? Por desgracia, no todos tenemos la posibilidad de pasear a diario por el bosque. De todas formas, yo te animo a incluir las salidas a la naturaleza en tu lista de prioridades. Si no puedes todas las semanas, ve una vez al mes o, aunque sea, una vez al año. También puedes visitar un parque en tu ciudad o cualquier sitio que tenga algo de verde. Si no tienes un parque cerca, o no puedes salir de casa por cualquier motivo, siempre puedes llenar tu vivienda de plantas, ver documentales de naturaleza, mirar fotos de paisajes... Cualquier cosa que te ayude a recordar quién eres en realidad.

Ya sea cuando viajo a rincones exóticos o cuando salgo al bosque de al lado de casa, la belleza de nuestro hermoso planeta azul me sobrecoge, y me rompe el corazón observar cómo lo llenamos de basura y arrasamos con todo a nuestro paso, un poquito más cada día. Muchos nos preguntamos si aún estamos a tiempo de revertir la situación, y reconozco que tengo mis dudas. Sea como sea, mientras quede un árbol en pie sobre la faz de la Tierra, es nuestra responsabilidad poner todo de nuestra parte para frenar la destrucción del medio ambiente.

El minimalismo es la mejor herramienta que se me ocurre para salvar el planeta. Hay que actuar desde el origen del problema, y el origen somos cada uno de nosotros. Nada cambiará si nosotros no cambiamos. Estoy convencida de que el cambio puede ser espectacular si adoptamos de forma masiva un estilo de vida más simple y natural, con un consumo consciente y responsable de los recursos, reduciendo residuos y minimizando la huella que dejamos a lo largo de nuestra vida.

Algunos argumentan que, si todos nos hiciéramos minimalistas, la economía mundial se desplomaría, pero yo lo veo de otra forma. ¿Qué lógica tiene comprar cosas que no necesitamos para reforzar la economía? Los minimalistas invierten en experiencias más que en posesiones, es decir, que también mueven la economía, pero sin necesidad de consumir tantos bienes materiales. Una sociedad minimalista supondría una transformación de la economía, no el derrumbe. En cualquier caso, no tiene sentido sostener un modelo de economía que amenaza con destruir nuestro ecosistema. Igual que en un incendio, de nada nos sirve intentar salvar nuestra fortuna si en el intento nos quedamos atrapados nosotros y nuestra familia.

La manera de cambiar el mundo es cambiando uno mismo. El consumismo es responsable de la contaminación y la explotación masiva de los recursos de nuestro planeta y, desengañémonos, no nos hace más felices. El consumismo debe acabar, y todos lo sabemos. Por suerte, nuestro nivel de conciencia está aumentando rápidamente y cada vez más personas eligen vivir de una forma responsable. Así, va creciendo la oferta de opciones más éticas y respetuosas con el medio ambiente. El hecho de que el minimalismo esté de moda refleja este cambio de mentalidad, y eso me llena de esperanza. Pareciera que lo que un individuo puede aportar al medio ambiente desde su casa es insignificante comparado con los graves problemas que dependen de los gobiernos, pero no podemos limitarnos a quejarnos y esperar a que algún político haga algo algún día. Al fin y al cabo, somos los ciudadanos los que dirigimos el funcionamiento de nuestro Gobierno, cada día, cuando decidimos en qué gastamos nuestro dinero. La ley de la oferta y la demanda hace que, cuantas más personas nos interesemos por un estilo de vida sostenible, más opciones sostenibles surgirán en el mercado. Al final, esto es lo que propicia que se modifiquen las leyes, más que un voto. Con pequeños cambios en nuestros hábitos podemos conseguir un gran impacto.

Conocido como «residuo cero» en español, el movimiento *zero waste* pretende reducir al máximo la cantidad de basura que producimos diariamente, especialmente los plásticos, que provocan un grave impacto medioambiental. El *zero waste* no solamente reduce nuestra huella en el medio ambiente, sino que promueve una vida más sencilla, más enfocada en las experiencias y menos en el materialismo.

No hace falta informarse mucho para saber que el reciclaje no es la solución y que es necesario ¡y urgente! reducir de forma drástica la producción de plásticos. Echa un vistazo a tu alrededor, estamos rodeados. Aunque te vayas al rincón más recóndito del planeta, seguirás viendo plásticos tirados por ahí. El plástico ha contaminado los mares, la tierra y el aire, está en todas partes. Utilizamos una botella de plástico durante la media hora que tardamos en tomar un refresco y la lanzamos sin remordimientos al mundo, donde tardará hasta mil años en descomponerse.

La solución está en nuestras manos. Este sinsentido solo se frenará cuando muchos de nosotros cambiemos la forma de consumir. ¡Y sé que no es fácil! Yo me desespero cuando entro en los supermercados, donde es casi imposible pasar por la caja sin plástico, pero con el tiempo vas descubriendo muchas alternativas, y la verdad es que el movimiento *zero waste* puede convertirse en una especie de juego o reto realmente divertido, y mejorar tu vida de muchas formas.

No sé si es posible eliminar el plástico por completo de tu vida si vives inmerso en el ritmo de la ciudad moderna, pero estoy convencida de que todos podemos reducirlo en gran medida sin mucho esfuerzo, y todo pequeño aporte cuenta.

Utiliza bolsas reutilizables de tela para todo.

Compra a granel. En las tiendas de barrio de toda la vida suelen vender a granel, y también hay cada vez más supermercados que lo ofrecen. Lleva tus propias bolsitas de tela.

Elige los productos que tengan menos embalaje. Elige vidrio o papel antes que plástico.

Lleva tu vaso en vez de utilizar vasos desechables.

Bebe agua filtrada y usa una botella reutilizable, mejor de vidrio.

Utiliza tarros de vidrio para almacenar la comida.

Utiliza productos de higiene personal sin envase. Hay, por ejemplo, pastillas de champú sólido que van muy bien.

Evita los productos de limpieza envasados en plástico. Utiliza mejor vinagre (en botella de vidrio), bicarbonato (en cartón), limón, aceites esenciales, etc.

Evita los juguetes de plástico y elige materiales naturales.

Alarga todo lo posible la vida útil de los objetos de plástico que ya tengas.

Rechaza objetos promocionales gratis como bolsas, bolígrafos o lápices de memoria.

En general, si hay otras opciones, evita el plástico.

Además de reducir el consumo de plástico, hay muchas más cosas que podemos hacer para proteger el medio ambiente:

elegir alimentos regionales de temporada

evitar la carne

comprar cosas de buena calidad y usarlas el máximo tiempo posible

comprar cosas de segunda mano o hacer trueques

alquilar en vez de comprar

compartir o pedir prestado

utilizar transporte público o bicicleta

elegir una vivienda más pequeña

etc...

Te darás cuenta de que al vivir minimalistamente estarás ayudando al planeta sin casi proponértelo. Lo mejor de todo es que, con el minimalismo, no tenemos que sacrificarnos ni renunciar a comodidad y bienestar para proteger la Pachamama. El minimalismo te hace más sano y feliz. Ni siquiera tienes que hacerlo por el planeta, ¡hazlo por ti!

16.
Mundo digital

Un zumbido tenue me despierta de madrugada.
Saco apresuradamente el móvil de debajo de mi
almohada y encuentro un par de notificaciones
brillando en la pantalla. La luz azulada me quema
los ojos mientras leo un comentario en mi último post
y reviso las estadísticas. De repente, encuentro
una foto que me flipa y, no sé cómo, acabo en el
perfil de un fotógrafo desconocido. Allí encuentro un
enlace que me lleva a un tutorial de YouTube y,
cuando me quiero dar cuenta, está amaneciendo
y casi es hora de levantarme. Blasfemo e intento
aprovechar para dormir media horita antes de
que suene el despertador y tenga que arrastrarme
al trabajo.

ertenezco a la generación que ha visto nacer los teléfonos móviles e internet. Lo reconozco, una parte muy grande de mi vida gira alrededor de una pantalla. Soy libre y trabajo en lo que quiero gracias a las nuevas tecnologías. La «universidad de YouTube» se ha convertido en un medio esencial para mi trabajo y mi desarrollo personal, sin el que todos mis proyectos no serían posibles. Y aun con todo, tengo una relación amor-odio con el mundo digital.

Internet es una herramienta maravillosa si se utiliza con criterio, pero puede destruir vidas si se utiliza irresponsablemente. Por desgracia, a la mayoría se nos escapa de las manos y nos vemos tarde o temprano atrapados en su poder. Cuando miro atrás, veo el uso enfermizo que hacía de internet hace unos años y estoy convencida de que esto contribuyó en parte a mi depresión. De hecho, creo que internet y los dispositivos móviles son hoy en día una causa importante de depresión, especialmente entre los jóvenes, que han crecido comunicándose a través de las redes sociales y como consecuencia están perdiendo la capacidad de crear lazos afectivos sanos al desconectarse cada vez más de su entorno y de sí mismos.

No tuve internet en mi casa hasta los veinticinco, y hasta los veintisiete me mofaba de la gente que iba por la calle absorbida por su teléfono y juraba que yo nunca sería uno de ellos. Pero un día compré un smartphone por la cámara de fotos y, como es natural, me enganché sin remedio. De repente, tenía en mi bolsillo una fuente inagotable de información y entretenimiento las 24 horas del día. Es muy difícil resistirse a la tentación de llenar cada momentito con la diversión que proporciona un smartphone. Una vez empecé a utilizarlo, mi mundo no volvió a ser el mismo.

Llegué a experimentar todos los síntomas de una adicción al móvil. Me parecía oírlo sonar a todas horas, lo revisaba cada pocos minutos como un acto reflejo, sentía ansiedad si no lo tenía cerca, jamás lo apagaba, me metía en la cama con él, me levantaba con él y lo revisaba en mitad de la noche. Siempre había un vídeo que mirar, un *feed* que mantener al día, algo que consultar... El mundo digital había absorbido toda mi vida, consumía mi tiempo y mi energía, ya no sabía vivir sin mi teléfono y mi wifi. Estaba sobrepasada de información, harta de responder mensajes sin fin, frustrada con las redes sociales, pero no era capaz de desconectarme. Estaba atrapada.

No estaba viviendo mi vida... ¡y me preguntaba por qué me sentía tan vacía! Las nuevas tecnologías me tenían siempre ocupada con algo, pero no estaba creando experiencias reales fuera del mundo digital, todo era una ilusión. No salía al bosque, no me relacionaba con otras personas en vivo, ya no observaba a la gente en la cola del supermercado ni miraba el paisaje durante los viajes en autobús. Había abandonado muchas de mis aficiones y me quejaba de que no tenía tiempo, pero no era cierto. La verdad es que el tiempo se me escapaba mientras deslizaba el pulgar por una pantalla.

Incluso cuando uno se agota y toma conciencia del problema, es muy difícil librarse de los tentáculos de la tecnología. Deseas sacar del cajón tu viejo Nokia con sus teclas y su *display* monocromo y mandar a la porra el smartphone, el WhatsApp y las redes sociales. Pero ya es demasiado tarde, estás dentro de un sistema y no sabes cómo salir. Decimos «mi familia me matará si me quito WhatsApp», «lo necesito para el trabajo»... Pero reconozcámoslo, por encima de todo está ese miedo irracional a quedarnos fuera, marginados, aislados, a perdernos lo mejor por estar desconectados.

FOMO o *Fear Of Missing Out,* que en español significa «miedo a perderse algo», es el síndrome de ansiedad que se origina con el uso del móvil y las redes sociales y que nos provoca la necesidad compulsiva de estar siempre conectados y controlando nuestro teléfono por miedo a perdernos algún acontecimiento o quedar excluidos. Cuando el FOMO nos atrapa, ya no podemos disfrutar plenamente el momento presente, porque tenemos la eterna sensación de que hay algo mejor que deberíamos estar haciendo o que hay alguna información urgente que revisar. Pensamos en una persona y tenemos que correr a mirar su perfil de Instagram. Nos preguntan algo que no sabemos y tenemos que correr a consultar la Wikipedia. Estamos de excursión en un monte perdido y tenemos que hacernos el selfie para mandarlo a nuestros grupos de WhatsApp en tiempo real. Y cada vez que nos conectamos a la red, nos desconectamos un poquito más de las experiencias reales.

La adicción a las nuevas tecnologías es otra de esas adicciones que están socialmente aceptadas porque todo el mundo las sufre, pero no por ello son menos graves. No somos conscientes de cómo el uso que hacemos de internet y en especial del smartphone modifica literalmente el funcionamiento y la estructura de nuestro cerebro. Mientras saltamos de una aplicación a otra, y de post en post en cuestión de segundos, estamos entrenando activamente nuestro cerebro a buscar siempre el siguiente estímulo y no centrarse nunca en nada. Cada vez nos cuesta más concentrarnos y conectar pensamientos coherentes mientras seguimos creando y reforzando nuevas conexiones neuronales en nuestro cerebro que nos conducen al aislamiento, la baja autoestima, la desorientación y la depresión.

Empecé a preocuparme seriamente cuando tuve dificultad para leer. Yo, que había sido una ávida lectora, era ahora incapaz de concentrarme el tiempo suficiente para entender una frase de dos líneas. Tampoco me sentía ágil al conversar con otras personas, perdía el hilo de lo que intentaba expresar y me costaba entender a los demás, lo que me hacía sentir aún más insegura y empeoraba mi ansiedad social. Aunque aún no entendía hasta qué punto me afectaba, sabía que mi uso de las tecnologías debía cambiar.

Internet, las redes sociales, los smartphones, etc., controlan nuestra mente y nublan nuestras capacidades, nos saturan de información y no nos dejan espacio para observar el momento presente. Si queremos ser capaces de manejar los retos que plantea la vida y tomar decisiones conscientes, necesitamos que nuestro cerebro funcione libre de obstáculos, y este es el objetivo del minimalismo digital: eliminar las distracciones continuas para poder centrarnos en lo importante y disfrutar el máximo de experiencias reales, en vez de perder el tiempo observando la vida de otros a través de una pantalla.

Entonces, ¿debemos renunciar a la tecnología? Yo, desde luego, no tengo intención de dejar de utilizarla. No me parece necesario desconectarnos por completo y volver a la edad de piedra (si bien es una opción muy respetable). Creo que es compatible disfrutar las ventajas de lo digital con un uso moderado y consciente, aplicando el minimalismo.

Para hacerlo más fácil, divido el minimalismo digital en tres fases:

Reducir dispositivos.

Limpieza de datos.

Reducir y optimizar el uso.

Ordenador de mesa, portátil, tableta, móvil, smartwatch, libro electrónico, televisor, etc. La lista es interminable, y todos tienen funciones geniales que parecen imprescindibles. Pero ¿realmente nos facilitan la existencia como promete la publicidad o, en vez de ganar comodidad, estamos perdiendo energía y libertad? Cuantas más pantallas, más tiempo pasamos enganchados al mundo digital y menos disfrutamos del momento presente.

Muchos nos vemos tentados de adquirir nuevos artilugios tecnológicos por la simple razón de que son alucinantes. Cada pocos meses salen modelos nuevos al mercado que nos hacen sentir desactualizados y nos crean la falsa necesidad de añadir nuevos aparatos para complementar nuestra colección. Pero lo cierto es que la mayoría podemos cubrir todas nuestras necesidades con un par de dispositivos, si los elegimos sabiamente.

Procura agrupar todas las funciones que necesitas en la menor cantidad de dispositivos. Fíjate en las funciones que utilizas poco y piensa si las puedes cubrir con otro de tus dispositivos. Por ejemplo, si lees poco puedes renunciar al libro electrónico y utilizar la tableta, o si solo utilizas la tableta para ver películas cuando vas de viaje, podrías utilizar el portátil o el teléfono.

Es verdad, la información no ocupa espacio físico, y aunque tengas el disco duro lleno de porquería, cuando apagas el ordenador ya no la ves. Sin embargo, esto es como un armario caótico lleno de ropa desordenada: cierras las puertas y ya no ves el desastre, pero sabes que está ahí, esperándote cada vez que vayas a vestirte, obligándote a rebuscar y haciéndote perder la paciencia. La acumulación y el desorden digital también son una fuente de estrés que te dificulta el trabajo, te distrae y consume tu tiempo. Dado que la cantidad de información digital que almacenamos no hace más que crecer, es imprescindible hacer limpieza de datos regularmente y organizar bien la información útil para tenerla siempre disponible.

Me gusta programar una limpieza mensual de mi ordenador y mi teléfono, para que nunca se me acumulen demasiadas cosas. La primera vez parece una tarea titánica que nunca terminará, pero si cada mes vas limpiando un poquito, pronto se convertirá en una tarea rápida y rutinaria.

No guardes todo por costumbre. Igual que sacas la basura por las noches, acostúmbrate a sacar regularmente la basura digital. Los datos valiosos que te interesa guardar indefinidamente, como tus fotografías, es mejor archivarlos en un disco externo para que estén bien seguros y no ocupen memoria en tu ordenador. Utiliza un buen sistema de archivo para que te resulte fácil encontrar tus documentos y mantener el orden. Hay muchas maneras de clasificar tus archivos. A mí me gusta primero hacer una clasificación por clase de archivo (audio, imagen, vídeo, texto), y dentro de cada tipo, dividirlos por temas y ordenarlos por fechas.

Presta especial atención a la carpeta de descargas, que es donde tiende a acumularse un montón de porquería variada que se acaba mezclando con cosas importantes. Idealmente esta carpeta debería estar siempre vacía.

- Escritorio. El escritorio de tu ordenador es como tu mesa de trabajo: no sirve para almacenar documentos, sino para manejar aquellos en los que estás trabajando actualmente. Mantenerlo siempre vacío te facilita las tareas y hace el trabajo más agradable, a la vez que mejora el rendimiento de tu ordenador. Archiva tus documentos al final del día y deja el escritorio despejado.

- Programas y aplicaciones. Elimina todos los programas y aplicaciones que no estás utilizando actualmente para liberar espacio de memoria y hacer más cómodo el uso de tus dispositivos. Siempre puedes volver a descargarlos si te hacen falta.

- Fotos del móvil. También se acumulan con facilidad y, además, tienden a duplicarse como por arte de magia. Vuelca con frecuencia tus fotos en un disco duro y borra todo lo que no necesites en tu teléfono.

- E-mail y mensajes. La bandeja de entrada del e-mail no está pensada para almacenar información. Crea un sistema de filtros y de archivo en tu servidor, y mantén siempre vacía la bandeja de entrada. Da mucha pereza crear el sistema, ¡pero te cambia la vida!

Saca la información que necesites de tus chats de WhatsApp y otros servicios de mensajería, archívala debidamente y vacía las conversaciones.

Por algún motivo, nos da satisfacción y orgullo tener una larga lista de contactos, y nos angustia la idea de perder el contacto con personas de nuestro pasado, pero de nada nos sirve tener un directorio lleno de contactos viejos, duplicados o desconocidos. Una lista de contactos organizada te ayuda a cuidar tus relaciones.

Sé muy selectivo con tus suscripciones a blogs, noticias, publicidad, etc. Elige las pocas que más te gusten y elimina todo el resto para dejar de recibir notificaciones inútiles que solo te hacen perder el tiempo.

Aunque puede ser útil para algunas personas, yo encuentro que la nube es un arma de doble filo. Fomenta la duplicación de archivos, que se sincronizan de un aparato a otro, lo que hace la organización mucho más difícil. Te hace dependiente de una conexión de internet y funciona demasiado lento si manejas archivos con mucho peso, por no hablar del tema de la privacidad. En mi opinión, es mucho más fácil, rápido y seguro archivar toda la información en discos externos.

Después de la limpieza de datos y de reducir nuestros dispositivos, es el momento de cambiar nuestra relación con ellos y empezar a utilizarlos de forma consciente.

Cómo utilizar de forma más responsable nuestros aparatos:

Desconectarlos por la noche. Apaga tu teléfono y todos los aparatos electrónicos al menos media hora antes de irte a dormir para permitir que tu mente se prepare para el descanso. Por la mañana, enciéndelos lo más tarde posible, cuando realmente los necesites. Meterse en la cama con el móvil o con la tableta es un hábito que destroza tu patrón de sueño y aumenta tu FOMO. Yo descanso muchísimo mejor desde que me acostumbré a no meter más el móvil en el dormitorio, y ha sido un hábito clave para romper mi adicción.

Enciende el wifi en casa solo cuando lo necesites y apágalo el resto del tiempo para evitar distracciones, especialmente durante la noche. Muchos wifi se pueden programar para que se apaguen automáticamente en el horario que decidas.

Aunque parezca casi una extensión de nuestro cuerpo, no necesitamos llevarlo siempre encima. Empieza por dejarlo en casa cuando vas a la esquina a comprar el pan o sales a dar un paseo con el perro. Con la práctica, te acostumbrarás a dejarlo en casa con más frecuencia y empezarás a apreciar la paz de no llevarlo contigo.

Poner el móvil en modo avión. Así podrás utilizar ciertas funciones, como la cámara o el reproductor de música, pero sin distracciones de mensajes o redes sociales.

Mandar mensajitos es divertido, pero nos toma mucho tiempo y es una fuente constante de distracciones. Llamar por teléfono es más rápido, la comunicación es mucho más eficiente y te ayuda a reforzar vínculos reales y cultivar relaciones satisfactorias. Todavía mejor es quedar en persona, siempre que sea posible. Ver a un amigo, abrazarle y charlar tomando un café es incomparablemente más valioso que todos los mensajitos y emojis del mundo. Crea experiencias reales con las personas que te importan y deja de perder tu tiempo y el de ellas con mensajitos.

No hay nada más desagradable que hablarle a una persona que está mirando una pantalla. Procura estar realmente presente cuando estés en compañía de otras personas y regálales toda tu atención, no saques el móvil en mitad de una conversación o una reunión de amigos. Si tienes que hacerlo puntualmente, pide permiso. Respeta especialmente el tiempo de las comidas, que es un momento importante para compartir en familia y crear lazos fuertes.

Cada vez que suena un timbre, se enciende una lucecita o aparece una ventanita en nuestra pantalla, se nos va la concentración a la porra. Es imposible concentrarse en algo durante más de diez minutos sin que te interrumpa un aviso. Apaga todas las notificaciones que no sean imprescindibles, especialmente las de las redes sociales y el e-mail, que crean una falsa sensación de urgencia.

- **Hacer consultas en bloque.** En vez de zambullirte en internet cada vez que necesitas hacer una consulta, apúntalo en tu lista de tareas y haz todas las consultas de una vez al final del día. Puedes hacer lo mismo con los e-mails y mensajes, revisarlos en bloque una o dos veces al día te ahorrará muchísimo tiempo y distracciones.

- **Terminar primero tus tareas.** Antes de distraerte con vídeos, redes sociales o navegando por la red, termina tus tareas del día. Es mejor concentrarte en tus quehaceres y terminarlos pronto para poder relajarte después con la satisfacción del trabajo bien hecho. No hacen falta prohibiciones, solo asegúrate de que la red no te robe el tiempo para las cosas importantes.

Ahora probablemente estarás pensando: «Adri, todos estos consejos son geniales, pero con solo pensar en apagar el móvil me da un patatús». Sé por experiencia propia que no es fácil romper el círculo vicioso. En el fondo, utilizamos este hábito inconscientemente para evadirnos de nuestros problemas y es lógico que, después de años llenando cada instante con esta distracción, sintamos un vacío insoportable al encontrarnos a solas con nosotros mismos y con las voces de nuestra cabeza. ¡Pero no te alarmes, no es necesario sufrir para desengancharte! Al fin y al cabo, el objetivo del minimalismo es hacernos la vida más fácil y agradable, no obligarnos a sacrificios y esfuerzos.

Olvídate de prohibiciones y recuerda la fórmula del minimalismo mental: todo proceso de simplificar empieza por la observación, por tomar conciencia. Tómatelo como un juego y experimenta. Prueba a apagar la tele o desconectar el wifi durante un rato y observa las emociones y pensamientos que te surgen, no intentes huir de ellos, por incómodos que sean. Atrévete a explorar estas sensaciones, descubrirás que no te pasa nada terrible y que detrás de la ansiedad hay nuevas sensaciones muy interesantes. Presta mucha atención a tu uso de las tecnologías a lo largo del día y cómo hacen que te sientas. Puedes instalar en tu teléfono una aplicación de control —por ejemplo, Moment—, que monitoriza tu dispositivo y te dice cuánto tiempo lo utilizas y para qué. El resultado puede sorprenderte. También puedes hacer un test de adicción al smartphone, como el del doctor David Greenfield, fundador del Center for Internet and Technology Addiction,* que te puede dar una visión interesante de tu grado de dependencia. Cualquier cosa que te ayude a tomar conciencia de cómo la tecnología controla tu vida será más efectiva que una simple prohibición, porque una vez que has entendido cómo afecta a tu cerebro, ya no querrás ignorarlo.

Céntrate en lo importante. Piensa en los beneficios que obtendrás al cambiar tu relación con el mundo digital. Imagina la sensación de libertad de no depender de una máquina o una conexión de internet, imagina cómo sería estar concentrado todo el día en las cosas que te gustan y te importan, sin interrupciones. Imagínate viviendo experiencias reales y compartiéndolas con los tuyos en vez de observar el mundo

* <https://virtual-addiction.com/smartphone-compulsion-test/>.

a través de una pantalla. Este es el tipo de motivaciones que harán que cambies tus hábitos sin la sensación de sacrificio.

Simplifica y concreta. No pretendas hacerlo todo de una vez, empieza por aplicar una de estas ideas, la que te parezca que te va a dar más satisfacción. Cuando la hayas integrado, pasa a la siguiente.

AGRADECIMIENTOS

No quiero terminar este libro sin expresar mi infinito agradecimiento a todas las personas que me han acompañado en esta aventura y han contribuido de alguna manera a traerme hasta aquí. Algunos sois conscientes del impacto que habéis tenido en mi vida y otros no, algunos habéis caminado un largo trecho a mi lado y otros os habéis cruzado brevemente en mi camino y lo habéis cambiado todo. Cada uno de vosotros tenéis un lugar en mi corazón.

Gracias especialmente a mis padres, que siempre me han apoyado y alentado, incluso cuando no entienden lo que hago, incluso cuando yo misma no entiendo lo que hago. Gracias por enseñarme a pensar y por transmitirme vuestro amor por la literatura.

Gracias a Blanquita, mi otra mitad gemela, por escuchar siempre con atención y mente abierta cada loca idea que se me ocurre y por hacerme sentir en casa cada vez que me pierdo.

Gracias a Christoph por su infinita paciencia a lo largo del proceso de creación de esta obra. Sé que no ha sido fácil, y a pesar de todo, has estado cada día a mi lado con tu preciosa sonrisa llena de amor. No lo habría conseguido sin ti.

Gracias a Rosario y a Irene por confiar en mí y materializar este libro. Escribir ha sido mi pasión desde que tengo memoria, y ver mi primer libro publicado es un auténtico sueño hecho realidad.

Gracias a todos los suscriptores de *Minimalistamente* por todo vuestro cariño y por hacerme reflexionar cada día.

Gracias a la vida por enviarme esa bendita depresión que me hizo reaccionar y cambiar de rumbo. Ha sido lo más duro y, al mismo tiempo, lo mejor que me ha pasado en la vida. Y gracias a Estela, que me acompañó tan cariñosamente hacia la salida.